子どもが聴いてくれて話してくれる会話のコツ

NPO法人
親子コミュニケーションラボ主宰
フリーアナウンサー
天野ひかり
〈著〉

汐見稔幸
（教育学者・白梅学園学長）
〈監修〉

sanctuary books

子どもは
世界でいちばん、お母さんが大好き。

たったひとりのお母さんに
認められたくて、
わかってほしくて、
聴いてほしくて……。
いっぱいお話ししたい
気もちであふれています。

あなたも小さかったころ
恋した相手に「好きです」と伝えられずに
いじわるしたり
冷たくしたりしたことはありませんか？

子どもの毎日は、まさにそんな状態。
大好きなお母さんに
自分の気もちをどう伝えたらいいのか
わからないんです。

だから、お母さんが
聴く力を磨きましょう。
話す力を磨きましょう。

子どもの「大好き！」を
受け止められるのは
お母さんただひとりなのですから。

はじめに

お母さん、お父さん。

子どもにこんな質問していませんか？


「幼稚園は楽しい？」

「お友だちと仲よくできた？」

「いじめられてない？」

「なんで怒ってるの？」

けれど返事は
「別にー」「わかんない」の一言。


親がいないところで、一体どんなことしてるんだろう？

子どもの本音がわからない。自分の子どもなのに……。

なんていうふうに感じて

子どもとの会話に自信をなくしていませんか？

断言しましょう。
子どもとの会話には「コツ」が必要です。
「愛情」だけではダメなんです。
なぜなら愛情は、会話のコツがわかって、初めて伝わるものだからです。

でも、よく考えてください。
子どもとの会話以前に
そもそも、話し方・聴き方を学ぶ機会がない私たちに、
知識がないのはあたり前の話。

だからこの本では
子どもが聴いてくれて、話してくれる会話のコツをご紹介します。

ご挨拶が遅れました。私は、天野ひかりと申します。

もともとテレビ局のアナウンサーで、「話す」「伝える」「聞く」ことを徹底的に学びました。一般人から専門家、芸能人、子どもからお年寄りまで、多種多様の人と話すことを生業《なりわい》としていて、コミュニケーションの力を鍛えられました。

そして、結婚、出産をきっかけにフリーアナウンサーとなり、仕事と子育ての両立に突入。最初は、本当に大変でした。

こんなにかわいい我が子を人にあずけて、なぜ、私は仕事に行くのか……。声を上げて泣いたこともあります。

逆に、もうちょっと仕事をしたいのに、なぜ保育園のお迎えに走らなければならないのか……。仕事と育児、どちらも中途半端に感じて、大好きなアナウンサーの仕事を辞めようかと思ったほどです。

そんな中、ＮＨＫの「すくすく子育て」という番組のキャスターに抜擢《ばってき》され、専門家の方々のホスト役を務める中で、どんどん子育ての世界にのめり込んでいきます。

各専門家の先生から、子どもの脳や心理の発達、言語の獲得、栄養・睡眠のメカニズム、骨格・歯・視覚・聴覚・味覚・嗅覚・触覚などがどのように成長するのか、赤ちゃんの本当の力を科学的に学び、それを自分の子育てに生かしたら、それまで迷っていた不安が、いっぺんに解消されました！

そして子どもといっしょにいる時間の長さではなく、どんなふうにいっしょに過ごすかが重要だとわかりました。

さらに、知識があって子育てするのと、何も知らずに子育てするのでは、こんなにも子育てのおもしろさが変わることを確信したのです。

一方、子育てに悪戦苦闘するお母さんたちを見ていると、はがゆい気もちでいっぱいになりました。だって、何の武器も持たずにボスキャラに戦いを挑んでいるのと同じことをしているのですから。

そこで、アナウンサーの経験と、多くのお母さん、お父さんとの対話をもとに、親子のコミュニケーションを手助けする「NPO法人　親子コミュニケーションラボ」を仲間とともに立ち上げました。今まで2万人以上のお母さん、お父さん、お子さんにお会いして、いろいろなことをお伝えしています。

その中でも人気なのが、親子の会話の講座です。毎回、多くの方々に参加していただいています。

私が子どもの気もちや本音を代弁すると、我が身をハッと振り返り、泣き出してしまうお母さんも大勢います。きっとそれまでひとりで抱えて、空回りし、自分を責めてしまっていたのでしょうね。

お母さん、お父さん。
悩むのはもうやめましょう。

共働きで、子どもと話す時間が少ない……と嘆くのも、
本当にこのままでよいのかな？　と自信をなくすのも、
あのとき、ああしておけばよかった！　と後悔するのも、
今日で終わりです。

さあ、子どもと話すちょっとしたコツを知って、最高の子育てを楽しみましょう！

監修者・汐見稔幸《しおみとしゆき》先生からのメッセージ

さすがひかりさん、と感心させられることがいっぱいの本です。

何よりも、ひかりさんがアナウンサー出身ということが大きいですね。アナウンサーは自分があれこれしゃべるのではなく、相手にいかに気もちよくしゃべらせるかということを訓練されますが、それは親子の会話でも同じということを随所で教えてくれています。

もうひとつは、書かれていることの大部分が、机上の理論ではなく、ひかりさんが我が子と格闘しながら見つけたということです。それが強みですね。じつに説得力がある。単純な理想論ではないですね。だから、だれだってできると思わせる不思議な力があるんです、この本には。

そして何よりも、母親の言葉のことを書いているのですが、中身はすべて、子どもの育ちにとってプラスかどうかという視点で貫かれているところがすごい。そういうふうに話すと、あなたの子どもはどう感じると思いますか、という視点ですべてを説明している。それでいて、そんなの無理というようなことはひとつも書かれていない。子ども応援の本でもあるんです。

あらためてひかりさんはすごい人なんだと感心しました。

この本が、たくさんの悩めるお母さんたちの「救いの本」となることは間違いない。

CONTENTS

Chapter 3

シーン別　会話のコツ

CONTENTS

Chapter 1

会話以前の大事な話

Chapter 1
01
基本編

会話以前に知っておくべきこと

10歳までの親子の会話が、人生を決める

まずは親の役割を考えてみましょう。

親の役割とは、一体何でしょうか？
目を閉じて、ちょっと考えてみてくださいね。

頭に浮かんだのが
・親の言うことをきける子にすること
・やらせて、できるようにさせること
・間違いを指摘して、正解を教えること

こんな言葉だったら、残念ながら大きな間違いです。
まずはその思い込みから卒業しましょう。

親のいちばん大切な役割は「子どもの自己肯定感を育てること」です。
多くの育児書で言われているので、「そんなのもう知ってる」と思われるかもしれません。でも、自己肯定感の意味を正しく理解していますか？

自己肯定感とは
「ぼくは、ぼくだから大丈夫。わたしだから大丈夫」

「ぼくは必要とされている。わたしは愛されている」

「ぼくは自分が好き。わたしはわたしのことが好き」

と思える、強い心です。

自己肯定感が育まれると
・何かに挑戦して学んでいける
・壁を乗り越えられる
・相手の気もちや立場を思いやれる
こんなことができるようになると言われています。

だから、すご一く大事なものです。


自己肯定感と聞くと、この世に存在しない抽象的なものに思えますが、実際に存在します。それは脳の中です。もう少しくわしく説明しましょう。

①呼吸や睡眠によって、体を健康に保つ働きをする「脳幹《のうかん》」。
②心を司《つかさど》り感情を育む「大脳辺縁系《だいのうへんえんけい》」。
③考える、記憶するなど、脳の高次機能を司る「大脳（皮質《ひしつ》）」。

この3つのうち、①②の働きを整えることで、子どもの自己肯定感が育まれます。
でも多くのお母さんが2つの行程をすっ飛ばして、1＋1＝2だと教えたり、英語の発音や社会のルールを教えたりして、③ばかりに働きかけています。③は、①と②を整えて初めてパワーを発揮するところです。

つまり順番が大切です。
①生活リズムを整えて体を育み、②親に認められ愛されていると実感して心を育む。
これが自己肯定感を大きくするための基本です。

いつも私は講演などで、自己肯定感を育てることを「器を大きくする」と表現しています。

なぜなら、子どもが身につけるべき知識や情報、社会のルール、他者とのコミュニケーションを「水」とするなら、それを受け止める「器」は大きくて、深くて、丈夫であってほしいからです。

怒られたり、失敗したりしたら、ヒビが入ってしまう器や、すぐに水がいっぱいになってしまう小さな器では、非常にもったいないと思いませんか？

親がすべきことは、この器（自己肯定感）を大きくすることです。


でも多くのお母さんが、子どもの器を大きくする前に、水（知識・情報・社会のルール）を注ぐことに一生懸命になっています。

栄養価の高い水、有名な水、みんなにほめられる水を汲《く》んできて、まだ育っていない器に入れる。でも器が小さいから、あふれてしまう。そしてまた汲んで、あふれさせて……と、ヘトヘトになっているお母さんたち。なかなか水が入らないことにイライラするお母さんもいます。

つまり「何度言ったらわかるの！」と叱ってしまうお母さん。


本当は子ども自身が水を探し、自分で選び、自分で汲んで、自分で頭に入れないと、水は力を発揮しません。

だから、親がすべきことは水を注ぐことではなく、器を大きくすることなのです。

そして自己肯定感の鍛え方（器を大きくする方法）は、ただひとつ。
それは「親の言葉かけ」です。

親が子どもにかける言葉しだいで、自己肯定感は育ちます。子どもによって、あったりなかったりするものではありません。子どもには自己肯定感を育んでいける無限の可能性があるのです。

いちばん近い存在であるお母さんとお父さんの言葉によって、長所はもちろん欠点も含めて、**自分は丸ごと認められている、自分は丸ごと愛されている**、と実感できると「ぼくは、ぼくだから大丈夫。わたしだから大丈夫」と感じ、自己肯定感（器）はどんどん育っていきます。

ただ、10歳までに器を大きくすることがポイント。それ以降は、この成長がゆるやかになっていきます。

Chapter 1
02
基本編

会話以前に知っておくべきこと

「認める言葉」が子どもの器を大きくする

気づかぬうちに、
子どもを否定していませんか?

それでは、自己肯定感を育てる言葉って何でしょう？

「早く起きなさい」
「残さず食べなさい」
「走らないで」
「ありがとう、は？」

こんな言葉かけ。じつはすべて間違いです。
こういった指示や禁止の表現は、自己肯定感の成長を阻む言葉の代表例です。

自己肯定感を育てる言葉とは、「子どもを認める言葉」です。

この答えを聞いたあなた。絶句しているかもしれませんね。
私の講座では
「こんなにわがままを聞いているのに、これ以上、どう認めればいいんですか？」
と途方に暮れるお母さんもいます。

でも実際は、子どもを認めずに否定する言葉を、親はたくさん使っているのです。
たとえば、空の絵を水色ではなく緑色に塗っている子どもに
「お空は、緑じゃなくて、水色でしょう?」
と言う。
公園でみんなが元気よく遊ぶ中、ずっとアリを見ている子どもに
「ボーッとしてないで、元気よく遊んだほうが楽しいよ?」
と言う。
女の子とばかり遊ぶ男の子に
「男の子なんだから、男の子のお友だちと遊んだら?」
と言う。つまり
「そうじゃなくて、こうでしょう?」
「それは違うでしょう?」
「なぜそうなっちゃうの?」
こんなふうに、親は教えているつもりで、否定する言葉をたくさん使っています。

空を緑色に塗った子どもを、認めましょう。
ひとりでアリに夢中になる子どもを、認めましょう。
女の子とばかり遊ぶ男の子を、そのまま認めましょう。

まずは、子どものやること、話すことを否定せずに、受け止めることが会話のスタートラインです。
そしてそれが、子どもを認める言葉、子どもの器を大きくしていく源になっていきます。

Chapter 1
03
基本編

会話以前に知っておくべきこと

悲しいことに、日本の子どもは自分に自信がない

だから日本は主張できない国と言われるのです。

もう少し、自己肯定感のお話をさせてくださいね。20ページでもお伝えしたとおり、自己肯定感とは

「ぼくは、ぼくだから大丈夫。わたしだから大丈夫。」

「ぼくは必要とされている。わたしは愛されている」

「ぼくは自分が好き。わたしはわたしのことが好き」


と思える強い心です。自分自身への満足感とも言えますね。

しかし**日本の若者は、諸外国に比べて自己肯定感が圧倒的に低いというデータが出ています。**

次ページの表を見てください。

自分自身に満足している日本の若者は50％弱に対し、諸外国は70％以上。とくにアメリカは86％という結果が出ています。

こんなに差が開くのはなぜか。それは謙虚さを重んじる文化と、自己主張を大事にする文化の違いもありますが、やはり、幼少期の言葉かけに理由があるように思います。

自分自身への満足度

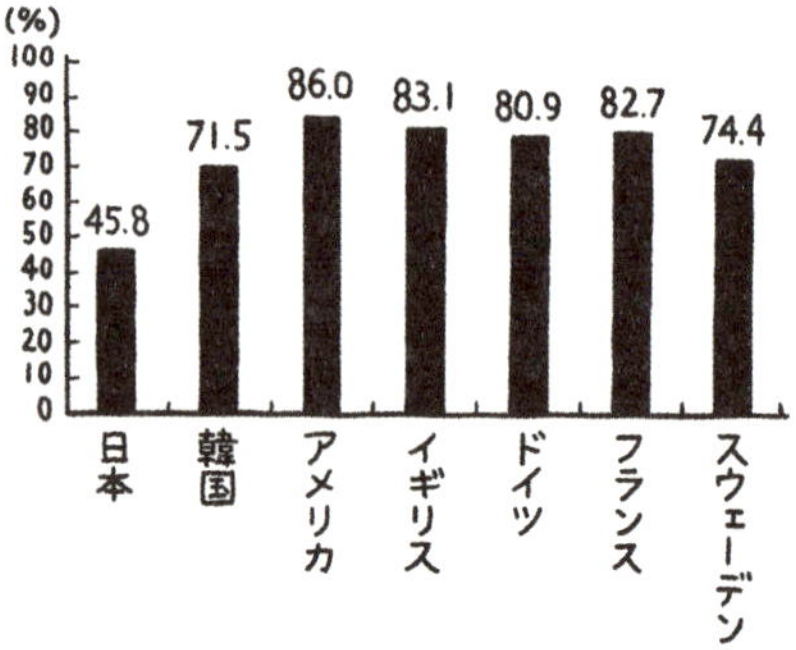

（平成 26 年版　子ども・若者白書より）

アメリカ人は子どもが特別な何かをしなくても「グッドボーイ！」「グッドガール！」「グッドジョブ！」などと、機嫌がよいときにたくさんほめます。

一方、日本人は、子どもの機嫌がよいときは何も言わず、失敗したり悪さをしたりしたときに叱ります。

つまり、日本の子どもは悪い点ばかりを指摘され、よいことをしても、それはあたり前とされてしまう文化があるのですね。

悲しいことですが、これが日本の子どもの自己肯定感が低い理由のひとつではないでしょうか。

「自分の意見を言える子どもになってほしい」と願うお母さんは多いですが、自己肯定感が乏しいと、主張はおろか、自分の意見や考えをもてるようになりません。

つねに「わたしって、間違ってるんじゃないかな……」など、自分の考えに自信をもてないからです。

また、大人になってからも大変です。自分で自分を認められないと、ちょっとしたことでも自分を責めてしまい、あたらしいことへのチャレンジをあきらめてしまいがちだからです。

学校で、会社で、ありとあらゆるコミュニティで「わたしなんて……」と不安を感じて生きていくことは、つらいですよね。

また「認められたい！」と思い続けることにもなります。「わたしを見て！」「もっとかまって！」と叫んでいる人、あなたのまわりにもいませんか？

コミュニケーションが苦手だと、本人だけでなく、まわりの人々も大変苦しい状況になります。

ですから、子どもへの言葉かけは、人生でいちばん大切と言っても過言ではないのです。

Chapter 1
04
基本編

会話以前に知っておくべきこと

子どもに正論を言っても意味がない

子どもと同じ土俵に立ってはいけません。

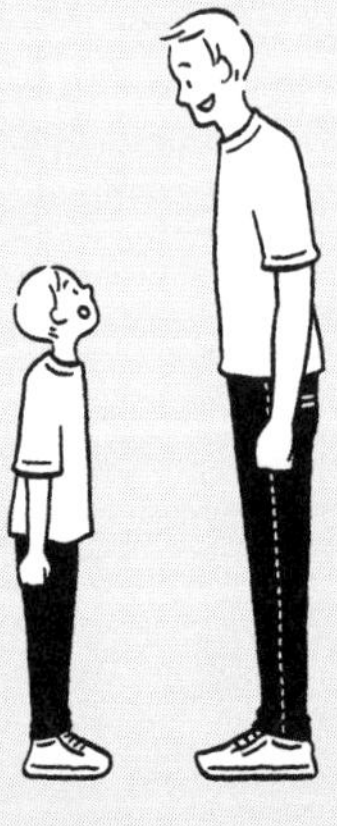

まじめな親や、高学歴な親であればあるほど、子どもの話に対して正論で返す傾向があります。

「違う、違う！」
「こうしたほうがいいよ」
「そっちじゃない。正解はこっち」
「お父さんの言うことを聞かないと、失敗するぞ」

こういったふうに、論破してしまうのですね。思わず正しいことを言いたくなる気もちもわかりますが、そこはグッと我慢してください。

子どもはおしゃべりができるようになると、大人顔負けの言葉を使います。だからぜんぶわかっていると思って、大人は正論で会話してしまいます。

しかし子どもは失敗も含めて、今まさに学んでいる最中。成長過程です。だってこの世に出てきて、たった数年なのですから。

何度も言いますが、親の役割は自己肯定感を育てることです。

「子どもに教えてあげること」が目的ではありません。ここを間違うと、何を言ってもうまくいかないので注意です。


たとえば就職活動の面接で「今の日本の政権についてどう思いますか？」と質問されたとします。

それに対し、あなたは過去の政権や外国の政権と比較したり、データを用いたりして、立派な返答をしたとしましょう。その場では軍配が上がるかもしれません。でもあなたのアピールポイントが伝わっているかどうかは、ちょっと微妙ですね。

面接官は、本当に日本の政権について知りたいわけではありません。その質問を軸に、あなたの人柄や魅力を探ろうとしています。政権の話題に流暢《りゅうちょう》に回答できてもあまり意味がなく、自分のアピールポイントもプラスしながら答えることに意味があるのです。

「内定を獲得する」という目的を忘れなければ、冷静に対応できると思いませんか？

親子の会話も同じ。子どもを論破して、こちらの指示どおりにやらせることが目的ではありません。

子ども自身が「自分でやりたい！」と思える心を育てることが目的です。

いつも間違いを指摘されたり、やろうとしたことを怒られたり、親の言うとおりにやったときだけほめられたりしていると

「いつも怒られてばっかり……」
「ぼくのこと嫌いみたい……」
「言われたことだけを聞いていればいいんだ」

と感じて、自己肯定感が育つチャンス、器が大きくなるタイミングを失ってしまいます。

Chapter 2

聴いてくれて話してくれる会話のコツ

Chapter 2
05
会話のコツ編

会話のコツ①

子どものよいところ、悪いところ、どちらも認める

子どものぜんぶを認められるのは、親だけです。

いよいよ、この章から会話のコツを紹介していきますね。

あるお父さんがこんなことを言っていました。

「きのうは娘との会話がとてもうまくいったのに、今日は怒らせてしまった……。きのうと何が違っていたんだろう？」

子どもとのコミュニケーション、毎日出たとこ勝負している家庭は多いはずです。

「一体、私の何が悪かったのよ!?」「俺のどこが気に食わないんだよ!?」

叫びたくなる気もち、よーくわかります。

子どもも大人も今日は何だかよい感じ！　と思える成功デーを増やすために、会話のコツをお教えしましょう。それは次の8つです。

①子どものよいところ、悪いところ、どちらも認める

②会話の目的を明確にする

③聞き出そうとしない

④ひたすら、うなずく

⑤子どもの言葉をくり返す

⑥子どもの気もちを、言葉に置き換える
⑦「気もち」を受け止めてから、4W1Hで「事実」を聞く
⑧指示しない。禁止しない

①子どものよいところ、悪いところ、どちらも認める、から見ていきましょう。

「よいところを認める」はわかりやすいですね。長所はもちろん、友だちにやさしくできた、電車の中で静かにできたなど、子どものよい行いをほめて認めていきます。

では「悪いところを認める」とは何でしょうか？　引っ込み思案、落ち着きがないなどの短所（に思えること）も含めて、我が子の個性としてそのまま認めることです。

たとえば、ごはんをこぼしながら食べる。これはよいことではありませんね。でも、こぼしたことも認めるところからスタートします。これが「悪いところを認める」です。

最初からこぼしたことを責めずに、まずは、自分でごはんを食べられたことに**「よく食べたね。がんばったね」**と伝えましょう。「ごはんをこぼさずに食べる」というルールは、そのあとに伝えます。

服を自分で着たら、**「今日もよく着られたね。えらいね」**と言いましょう。「そんな

のあたり前」と思わないことです。

まずは子どもの行動、言動を、よいことも悪いことも、いったん受け止めてください。なぜなら「よい、悪い」という区別は親や社会にとってのよいこと、悪いことであり、子どもにとっては、どちらも自分に素直な行動だからです。このお話は、76ページのほめ方のコツ①で、さらにくわしく説明したいと思います。

最近の子どもは甘やかされている？

「幼稚園や学校で甘やかされているから、家庭では厳しくしたほうがいいのでは？」という質問を受けることがあります。

たしかに現代の教育機関では、モンスターペアレントなどをおそれて、子どもを叱ることは少ないかもしれません。

しかしそのぶん、たくさんほめられているか、認められているか、と考えると正直疑問が残ります。せめて親だけは、子どもを丸ごと認めましょう。

これが会話のコツの第一歩です。

Chapter 2
06
会話のコツ編

会話のコツ②

会話の目的を明確にする

ゴールがはっきりすれば、作戦も立てやすくなります。

次に「会話の目的を明確にする」を見ていきますね。

子どもと話すときに、会話の目的を見失っている親が非常に多いです。

合コンに参加したとしましょう。目的はもちろん彼氏（彼女）をつくることです。

でも、せっかく興味をもった異性とつまらないことで論争してしまったら、どうでしょう？　論争に勝ったとしても、目的は失敗かもしれませんね。

友人とのおしゃべりでも

「この人、何が言いたいんだろう？」と感じることはありませんか？

何を尋ねているのかよくわからないから

「そうだね」

のようなあたりさわりのない返答になってしまうこと、多いと思います。

子どもとの会話も同じです。

たとえば「幼稚園（学校）はどうだった？」。この質問の目的（意図）は何でしょう。

だれと遊んだかを知りたいのか。

勉強について知りたいのか。

はたまた、先生のことを知りたいのか。

一体、何を知りたいのでしょう。わかりづらいと思いませんか？　親自身が知りたいことをわかっていないとも考えられますね。


子どもと話す前に、まずは会話の目的を明確にします。

・先生に怒られていないかを知りたい
・友だちと仲よくできたかを知りたい
・運動会の練習がじょうずにできたかを知りたい

このように整理すると、もっと具体的な質問ができ、知りたい答えを導きやすくなりますよ。

また毎回、お母さんが目的を明確にしながら話していると、子どもも自然とそういう会話ができるようになります。「何のためにそれをやるのか」「今やるべきことは何か」を子ども自身が見つけられるようになるのです。

これは、今後長い人生を歩み、多くの人とコミュニケーションをしていく中で、いちばん大切なことだと言えるでしょう。

具体的な会話のコツについては3章以降でお話ししますが、子どもに何となく質問するクセを、一度見直すとよいですね。

Chapter 2
07
会話のコツ編

会話のコツ③

聞き出そうとしない

子どもには、
子どものタイミングがあるんです。

会話のコツ、3つめ。

それは一方的に聞き出さないことです。

私のところには
「何を聞いても、わかんなーい。忘れたーって言われて、困ってるんです」

といった相談がたくさん寄せられます。

親「今日は幼稚園（学校）で何したの？」
子「忘れたー」
親「今日はお友だちと仲よくできた？」
子「わかんなーい」

こんな会話ですね。要するに、質問してもこちらが期待する返答をしてくれない悩みです。

なぜ子どもは答えないのか。

それは、何と答えたらよいか本当にわからないから。答えたい気分ではないからです。別にふざけているわけでも、いじわるしているわけでもありません。

あなたが

「今日は仕事どうだった？」

と急に質問されたら、どうでしょう？

「どう？　って言われても、いつもと同じだよ……」と思いませんか？

1週間ずっと楽しみにしていたテレビドラマを見ているときに

「今日、上司とはどうだった？」

と質問されたら、どうでしょう？

「うるさいなー。あとにしてよ……」と思いませんか？

子どもも同じです。

親が知りたいタイミングは、子どもが話したいタイミングではないのです。まずはそれを理解しましょう。そうしないと、会話ではなく、一方的にただ聞き出す態勢になってしまいます。

親からは、話しださない

極論を言うと、親からは質問をしません。子どもからの言葉を待ってあげてください。

大人と違って、子どもの時間はゆっくり流れています。大人は答えをすぐに聞きたいし、出したい。でもそこはグッと我慢です。

すると子どもは「今なら、わたしの話を聴いてくれるかも」と感じて

「あのね……」

と話しだすでしょう。

あるお父さんが、めずらしく休日にお子さんといっしょにキャッチボールをしに公園へ行ったときのこと。1時間ほど楽しんだ帰り道で

「あのさあ、学校でさあ……」

と悩みごとを相談されたそうです。

きっと「お父さん、今日はぼくのことだけを見てくれてる。今なら、悩みを聞いてくれそう」と思えたのでしょう。

あるお子さんは、いっしょにお風呂に入ると、ポツリポツリと話しだすそうです。

「さっき、怒ったのはね……」

と聞きたかったことを急に話しだしたりするそうです。

お母さんが、家事や携帯など、何かの作業をやりながらではなく、お風呂の中なら自分だけを見てくれていると感じるのでしょうね。

親のタイミングで聞こうとすればするほど、子どもは話さなくなります。

聞き出そうとする態勢は、子どもを追いつめる態勢と同じ。まずは、子どものペースにまかせてみましょう。

子どもが話したいタイミングが訪れたら、それを見逃さず、聴こうとする姿勢を忘れないでくださいね。

Chapter 2
08
会話のコツ編

会話のコツ④

ひたすら、うなずく

話を広げる必要はありません。

ここからは、子どもが自分のペースで話しだしたあとのコツについてお話しますね。

子どもが「あのね」と話してきたら

「うんうん」

「へぇー！」

「そっかそっか」


とうなずきます。別に、無理をして話を広げる必要なんてないのです。

多くのお母さんが、子どもの話を先回りして話しだしています。49ページでお話ししたとおり、ここでもグッと我慢です。

こんな会話になっていませんか？

子「今日のお弁当ね……」
親「ぜんぶ食べた？　残さなかった？」
子（あ……、今から話そうとしてたのに）

このように、結論を急いではいけません。

英語で質問された自分をイメージしてください。脳内で、一生懸命「英語→日本語→英語」と変換しているのに、次から次へと英語で質問されたらどうでしょう?

今、答えようとしているのに……と感じて話す気力を失いませんか?

きっと子どもも同じように感じているはずです。

子「今日のお弁当ね……」

親「うんうん」

(すぐに答えなくても、返事を待つ)

子「……えっとね、ぜんぶ食べられたの!」

親「ぜんぶ食べたの? すごーい!」

こんなふうに、話すのに時間がかかっても、次の言葉を待ってみましょう。

結論を言うのは、子どもです。

これは、アナウンサーの仕事でも同じです。アナウンサーは、相手に答えてもらうことが仕事です。「おいしい！」という回答が欲しいのに
「このハンバーグおいしいですよね？」
と質問したら相手は「はい」、もしくは「いいえ」としか答えられません。相手に
「このハンバーグおいしいです！」
と言ってもらえるように質問するのがプロなのです。主人公はアナウンサーではありません。

親子の会話も同じです。主人公は親ではありませんね。

Chapter 2
09
会話のコツ編

会話のコツ⑤

子どもの言葉をくり返す

子どもは、それだけで満足します。

コツの5つめは、子どもの言葉をくり返すことです。こんな感じですね。

子「痛かったんだ……」
親「痛かったんだね……」

子「おいしい！」
親「おいしいね！」

このように、子どもの言葉をそのままくり返しましょう。
すると子どもは、「お母さんはわたしのことを理解してくれた！」「共感してくれた！」と思えます。
そして、自分が認められたと感じて、自己肯定感（器）が育つのです。

「どうしたの？」
「何が楽しかったの？」

などと、**すぐに理由を尋ねるのはＮＧ**です。

「どうしたの？　って言われても……」

「何がって言われても、わかんないよ……」

と感じてしまい「話したい！」という気もちを邪魔することになります。

話が広がるくり返し方

会話が続いたら、次は一言添えてくり返してみましょう。

子「痛かったんだ……」
親「すごく痛かったんだね」
子「ううん。すごくじゃないよ。ちょっとだけだよ」

こんなふうに、じょじょに話が広がっていきます。

また、主語をつけ加えるのも、会話が広がる糸口になります。

子「痛かったんだ……」
親「あなたは痛かったよね」
子「ぼくじゃなくて、友だちが痛かったんだよ」

子どもは主語をつけて話すことに、まだまだ不慣れです。会話のヒントになる言葉を、親が添えていくイメージでくり返してみましょう。

まずは、すぐにとり入れやすいコツ④「うなずく」と、コツ⑤「くり返す」を使って会話してみてください。

忙しくて、ずっとうなずいたり、くり返したりするなんて無理……。子どもの結論なんて待っていたら日が暮れてしまう！　と思われるかもしれません。

でも大丈夫。**この基本ができていれば、子どもはどんどん自分から話しだす**ようになります。じつは、とっても近道でもあるのですよ。

Chapter 2
10
会話のコツ編

会話のコツ⑥

子どもの気もちを、言葉に置き換える

子どもはまだまだ言葉を知らないんです。

子どもの考えや気もちを、さらに育むためには、語彙《ごい》を増やすことが大切です。
そこでコツの6つめは「子どもの気もちを、言葉に置き換える」です。

たとえば何かを
「やりたくない！」
と子どもが言ったとき、何と言っていますか？

おそらく多くのお母さんは
「そう。やりたくないのね」
「わかったわ。もうやめなさい！」
と返していると思いますが、これはNGです。

なぜなら、子どもの「やりたくない」には、いろいろな種類があるからです。
「今はやりたくないけど、ママがやったら、ぼくもやりたい」
「やりたいけど、みんなの前ではやりたくない」

「靴をはいてからやりたいのに、はだしだからやりたくない」

「1回だけならやりたいけど、ずっとはやりたくない」

「やりたくない」の一言にも、さまざまなバリエーションがあります。でも語彙《ごい》が少ないから、「やりたくない！」の一言にすべて集約されてしまうのです。

そこで親が、その気もちのひとつひとつを、言葉に置き換えていくことがポイントです。


「今はやりたくないのかな？　あとでやってみようか」

「ママといっしょにやる？」

「靴をはいたらできるかな？」

「ずっとは嫌だったよね」


こんなふうに、子どもの気もちにぴったりの言葉を、親がたくさん口にすることで、子どもの気もちと言葉がつながっていきます。

よく、友だちにかみついてしまったり、床に寝転んでしまったり、地団駄を踏んだりする子どもがいます。

自分の気もちを言葉でうまく表現できないから、こういった行動に出てしまうのです。

そう考えると、なんだか健気《けなげ》でかわいいですね。

子どもの意味不明なわがままや、かんしゃくをそのまま受けとってイライラするのではなく、ひとつひとつの気もちを受けとって、それを言葉に置き換えてみましょう。

すると、わがままになったり、かんしゃくを起こしたりすることなく、言葉で会話ができるようになっていきますよ。

Chapter 2
11
会話のコツ編

会話のコツ⑦

「気もち」を受け止めてから、4W1Hで「事実」を聞く

気もちと事実は、わけましょう。

次に、子どもがノリノリで話を始めたときのコツです。

「うんうん」「そうだね」「痛かったね」「楽しかったね」「うれしかったね」など、子どもの気もちをきちんと受け止めたあとに、4W1Hで事実を聞いていきます。

何を（What）
どこで（Where）
だれが（Who）
いつ（When）
どのように（How）

「なぜ」にあたるWhyは使いません。「なぜ？」という問いには、子どもを責めるニュアンスがあるからです。

大切なのは、子どもの気もちをきちんと受け止めたあとに、4W1Hで会話していくことです。

「うちの子、何の話をしているのか、よくわからないんです」

「時系列がめちゃくちゃで、話が意味不明です……」

という相談をよく受けます。

なぜ子どもの話は要領を得ないのか。それは、気もちと事実がごちゃごちゃになっているからです。

だから気もちと事実をわけて質問して、整理しながら会話することが大切です。

子「痛かったんだ……」
親「痛かったね……」 気もちを受け止める
子「うん。でも泣かなかったよ」
親「泣かなかったんだ！　よくがんばったね」 気もちを受け止める
子「泣かなかったのはぼくだけだよ」
親「すごいね！　どこでケガしたの？」 4W1Hで聞く
子「教室だよ」
親「教室かあ。いつケガしたの？　休み時間？」 4W1Hで聞く

子「うん、休み時間」
親「ほかのお友だちもケガしたの？」 **4W1Hで聞く**

こんな流れで、気もちと事実をわけて聞いてみましょう。

いきなり「いつケガしたの？　何でケガしたの？」と事実だけを聞かれると、子どもは「あれ？　お母さんはぼくのこと心配してないのかな……？」と感じてしまいます。


大人も同じではありませんか？

「会社の業績が悪くて、俺もリストラされるかもしれない」と妻に打ち明けたときに「えっ？　家のローンはどうなるのよ？」

こんなふうに言われたら、「まずは俺のこと心配してくれよ……」と感じるはずです。

「今日同窓会で、若いね！　って言われたの」と夫に報告して
「今の四十代はみんな若いからね」

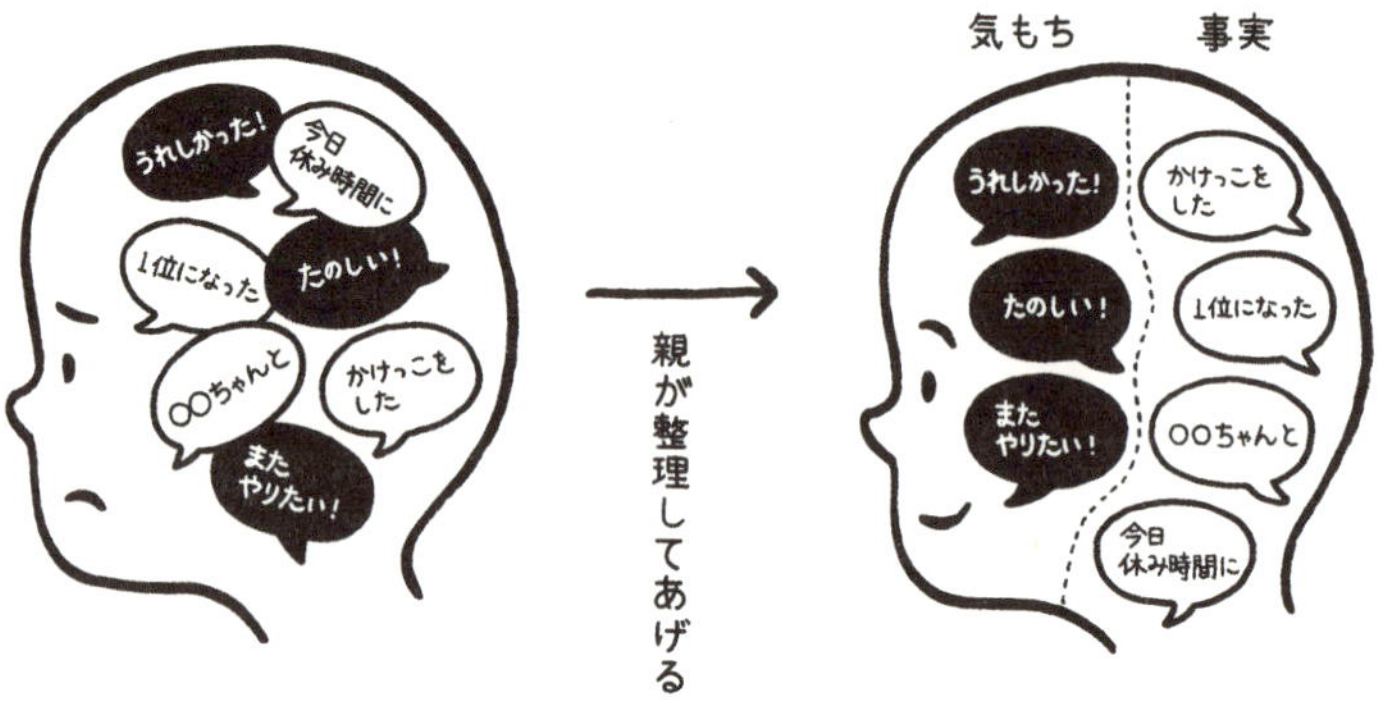

と言われたら、「えっ？　そこ？」と思うでしょう。

大人も、まずは気もちを受け止めるところから始めてください。夫婦間の会話もスムーズになりますよ。

2歳でも子どもはよくしゃべるので、何でも理解していると思ってしまいます。

でも、言葉を知っていそうで、知らないいし、複雑な気もち、こみ入った事実を説明できる言葉をまだもっていません。

急に「何で？」と聞かれても表現できないので、4W1Hを使ってひとつひとつ追っていきましょう。

そして何よりも大切なのは、事実よりも先に、気もちを受け止めること。
まずは子どもが心ゆくまで、気もちを受けとってあげてくださいね。

Chapter 2
12
会話のコツ編

会話のコツ⑧

指示しない。禁止しない

「レッツ」と「いいよ！」を使えばうまくいきます。

親向けの講演で、親子の会話について話すときに必ず
「今日、朝起きてからここに来るまで、お子さんにどんな言葉をかけましたか？」
という質問をします。

すると多くの答えは、こんな感じです。


「朝は必ず、起きなさい！　の一言からです……」

「こぼさないで！　と怒りました。というか、年中言っています」

「ダラダラしないで着替えなさい！　と注意しました」

「早く行きなさい！　と大声を出しちゃいました」


みなさんも、こんな言葉を子どもにかけていませんか？

これはぜんぶ指示と禁止の言葉です。会話ではありませんね。

このことを指摘すると、たいていのお母さんは、我に返ったようにハッとした表情をされます。

では、どうすればいいのか。

答えは「～しなさい」（指示）は「レッツ」。「～しないで」（禁止）は「いいよ！」に言い換えることです。

「起きなさい！」は

「起きよう！」

「行きなさい！」は

「行こう！」

「こぼさないで！」は

「いいよ！　がんばって食べてる証拠だね」

「ダラダラしないで着替えなさい！」は

「いいよ！　ひとつひとつ考えながら着替えてるんだね」


こう見ると、とてもかんたんに思えませんか？

今日から指示と禁止をやめて、ぜひ「レッツ」と「いいよ！」を使って会話してみてください。

どうして親は指示をしてしまうの？

そもそも、なぜ親は指示と禁止の言葉が多いのだと思いますか？

理由は2つ考えられます。


1つめは、時代背景です。

そのむかし、子どもは労働力でした。

家の仕事の手伝いをやらせたり、戦争などの戦力として育てたりするには、指示や禁止することが効率的でしたし、そのほうが国家も運営しやすかったのでしょう。

子どもは所有物で、言うことを聞かせるものという考えが色濃くありました。

しかし時代は変わりました。

一人ひとりが考えて、自立して生きることが求められています。親と子は、もう強者と弱者という関係性ではありません。


そして、2つめの理由。

子どもは何の能力ももたず、まっさらな状態で生まれてくると考えられていました。だから、「大人が教え込まないといけない！」と信じられていたのです。

そして今もなお、そう思い込んでいる人がじつに多いです。


しかし最近の研究では、赤ちゃんは自分で選び、自分で考えることができる、素晴らしい力を秘めて生まれてくることがわかりました。

たとえば、生まれてくる日も自分で決めます。だれも教えていないのに、すぐにお乳を飲みます。表情をつくって親に愛されようとします。こうした素晴らしい力をもって、私たち人間は生まれてくるのです。

だから親のすべきことは、指示してやらせることや教え込むことではありません。子どもの中にある力を信じること、それを伸ばしていけるように邪魔しないことなのです。

指示や禁止は、時代遅れとも言えますよ。

Chapter 2
13
会話のコツ編

ほめ方のコツ①

あたり前のことをできたときに、口に出してほめる

特別なときにだけ、ほめるのではありません。

会話のコツがわかったところで、次はほめ方のコツについてお話ししましょう。

ほめることは大切ですよ、と話すと
「天野先生、うちの子、ほめるところが全然ないんです……」

と言うお母さんがたくさんいます。

それもそのはず。ほめるところがたくさんある子どもなんて存在しないのですから。

「かけっこで1位になった」「100点とった」「嫌いな野菜を食べられるようになった」など、特別なことなんて、そう毎日は起こりません。

特別なときだけほめていると、ほめてほしくて嘘をつく子どもになります。

それに、特別なとき以外はぜんぶだめなんだ……と感じて、自信をもてるようになりません。


あたり前のことをできたときに、口に出してほめる。


これが出発点です。

私は娘に毎日

「今日も起きてすごいねー！」

と声をかけます。普通に考えたら、朝起きるなんてあたり前のこと。けれど、毎日言っていると子どもは「ひとりで起きられる！」と思うようになります。

「きのうよりも早いじゃない！　すごいね」

なんて言うと

「わたし朝起きるの、得意だもんね」

などとおどけたりします。早起きは得意だと、子どもが思い込むのです。

寝坊しても、親が20分間かけて起こしたとしても

「起きられてすごいね！」

です。「ママが20分もかけて起こしたのよ?」「今日もまた寝坊ね」といった嫌みはNGです。「わたしは朝起きるのが苦手なんだ」と思わせてしまいます。いかにあなたがダメかと、わざわざ伝えるのは意味がありません。

・靴をはいた
・服を着た
・「いただきます」と言った

・ごはんを食べた
・友だちと遊んだ

こんなささいなことに対して、ほめる言葉をかけましょう。

そして、初めてできたときだけでなく、**毎日ずっとほめること。**できるだけ**具体的にほめること**がポイントです。

「すごいね」ではなく**「靴をはけてすごいね」**。「よくできたね」ではなく**「ひとりで服を着られたね」**。このように、毎日、明確にほめましょう。


これは大人も同じです。家族のために毎日ごはんをつくって、何もリアクションがないとさみしくなりませんか？　あたり前のこととはいえ「おいしいね」「毎日ありがとう！」と言われたら、もっとがんばろう！　と思えます。

仕事でも「○○さん、いつも気を遣ってくれてありがとう」「この間のプレゼン、とてもよかったよ！」と言われたら、あたり前のことであっても素直にうれしいものです。**ほめるとは、何かと比べてすごいことをほめるのではない**のです。

Chapter 2
14
会話のコツ編

ほめ方のコツ②

最高のほめ方は第三者からの一言。最低なほめ方は比較の一言

ここぞ！　というときの上級テクです。

次に、最高のほめ方をご紹介しましょう。

それは第三者から伝えることです。


「ママから聞いたけど、今日○○できたんだって？」

とお父さんから伝えると、これは子どもにとって最高のほめ言葉になります。

これは絶対にやり続けてほしい！　ということがあったら、第三者からもほめましょう。

また、お父さんが帰宅したタイミングでお母さんが
「パパ聞いて！　今日、幼稚園で○○できたのよ！」
と子どもの前で報告してみてください。子どもは聞こえないふりをして、耳をダンボにして聴いていますよ。
仕事でも「部長から聞いたけど、例のプロジェクトよかったみたいだね」なんて言われたら、うれしいですよね。

逆に最低なほめ方は、だれかと比較してほめることです。

「○○ちゃんよりも、じょうずにできたね」

「○○くんよりも、かっこよかったよ」

と比較するのはNGです。比べることでしか、ほめられなくなってしまいます。すると子どもも、比べることでしか、自分を認められなくなります。


ただ、比較しないとほめにくいのも事実。

そんなときは過去の子ども自身と比べましょう。

「きのうはできなかったのに、今日はできたね」

「この間よりも、じょうずになったよ！」

「1年前よりもかっこよくなったね！」

など、他人ではなく、子ども自身の過去と現在を比較してくださいね。

子どもの目的が「ほめられること」になってはいけない

「ほめる」を勘違いしているお母さんがいます。


子どもがチョウチョウの絵を描いているとしましょう。

お母さんのイメージどおりに描けたら「すごくじょうずね」とほめる。

けれどイメージと違ったら「ん〜。チョウチョウはこんな色だったかな?」「羽の形はちょっと違うんじゃない?」などと言う。

すると子どもは
「むらさきに塗ったらママは喜ぶかな?」「羽をもっと小さく描いたらママはほめてくれるんだ!」と思うようになります。

つまり子どもは、自分が描きたいものではなく、ほめられるために絵を描くようになってしまいます。


これはある意味、「むらさきに塗りなさい」「羽はこうやって描きなさい」と命令するのと同じくらいの強制力が働いています。
しかし、多くのお母さんがそれに気づかずに、こういった言葉をかけています。これはほめて育てるとは言えません。

中には
「子どもの好きなように描かせていたら、いつまでたっても、チョウチョウの絵が描けるようにならないのでは？」
と心配するお母さんがいます。大丈夫です。自己肯定感が育っていれば、いつか、お母さんの指示したチョウチョウをはるかに超える、立派なチョウチョウを描けるようになります。

親の役割を思い出してください。親の役割は「自己肯定感を育むこと」でしたね。チョウチョウの例でいえば、お母さんに指示されてきれいなチョウチョウを描けるようにすることではなく、子ども自身が「描きたい！」「もっとじょうずに描けるようになりたい」と思う心を育てるのが親の役割です。

一度、どんなときに子どもをほめているか、見直してみてくださいね。

Chapter 2
15
会話のコツ編

叱り方のコツ

主語はIにして叱る

なぜ叱っているのかが伝わりやすくなります。

「ほめる」の次は、「叱る」について見ていきましょう。

基本的には叱らない。これが私の考えですが、命の危険にかかわるときは別です。

「やめなさい！」と大声を出します。車の多い道路に飛び出したり、ふざけて友だちを突き落とそうとしたりしたら、有無を言わせずに注意です。


ここからは、それ以外の緊急性の低い場合の叱り方です。

ポイントは
①子どもの性格や能力を決めつけない
②主語はIにする
③比較しない
④その場で叱る
の4つです。

叱り方①　子どもの性格や能力を決めつけない

たとえばこんな叱り方。

「あなたはとろいわね」「お前は不器用だな」「本当に言うこと聞かない子なんだから！」

など、**子どもの性格や能力を決めつける言い方はＮＧ**です。

「ああ、ぼくはとろいんだ」

「わたしって不器用なのね……」

と子ども自身が、決めつけてしまうからです。

たまたまそのときスピーディーにできなかっただけで、とろいかどうかはわかりません。今は不器用に見えても、これから器用になるかもしれません。

自分で決めつけてしまうと、本当にとろい人になってしまうし、不器用になってしまいます。

ほめるときも同じです。

「〇〇ちゃんは、本当におりこうさんね」「あなたはいい子ね」

は一見よさそうに聞こえますが、「おりこうさん」とほめてほしくて嘘をつくようになることも。ほめる際も、性格や能力を決めつけないようにしましょう。

叱り方②　主語はＩにする

子どもに注意するときに、多くのお母さんが
「○○ちゃん！　走らないで！」「○○くんは、騒がしい子ね！」

といった叱り方をします。

これはその場しのぎに過ぎません。頭ごなしに「走らないで！」と言ってやめさせるのではなく、子ども自身が「走るのをやめよう」と思わなければ意味がないと思いませんか？

38ページでお話ししたように、まずは悪いところを認めます。

そのあと主語をＹｏｕではなく、Ｉにして注意しましょう。

「○○ちゃん！　走らないで！」は
「走るって気もちいいね！　でもここでは、お母さんは走ってほしくないよ」。

「○○くんは、騒がしい子ね！」は
「大きな声を出せるっていいね。でも今は、静かにしてくれないと、ママは嫌だな」。

こんなふうに子どもの行為を認めたあとで、主語を「私は」「お母さんは」「ママは」にしてみてください。ただ叱られているのではなく、お母さんの気もちが添えられて「なぜ叱られているのか」「今ここで自分はどうすべきか」を考えられるようになります。

本来、走れることは素晴らしいこと。大声を出せるのも素晴らしいことです。だからその行動を認めたうえで、「でもここでは○○してほしくないよ」と伝える必要があります。

ほめるときも同じです。

「○○ちゃんが手伝ってくれて、ママはうれしいな」

と言うと「ママのためにがんばって手伝おう！」と思えて、がんばってくれますよ。

叱り方③　比較しない

ほめるとき同様、叱るときも比較はやめましょう。

「○○くんができて、何であなたはできないの？」

「ほら！　ほかの子はちゃんとできてるよ！」

こんな感じで、比較しながら叱るのはNGです。

ただ、過去の子ども自身と比べて言うのならOKです。

「今日はできないのかな？　きのうはできたのにね」

と言うと、自信をとり戻して急にできたりします！　ほかの子との比較や勝ち負けではなく、あくまで「子ども自身との戦い」ととらえましょう。

叱り方④　その場で叱る

叱るとき、注意するときは、その場ですぐに！　が鉄則です。あとで言っても、子どもは何のことか理解できません。

最悪な叱り方は、「あとで、お父さんに叱ってもらうよ」。

つまり、後日、第三者に叱ってもらうことです。

「お母さんから聞いたけど、今日言うこと聞かなかったんだって？」

などと子どもに言ったら、間違いなく、子どもとお母さんの信頼関係は崩れるでしょう。お母さんを信じなくなって、本当のことを話さなくなってしまいます。

「先生に言いつけるよ」

も最悪ですね。

あくまでも、親は子どもの味方であってほしいと思います。

「叱る」というのは、怒りをぶつけることではありません。

ときにはお母さんも体調によってイライラすることがあると思います。その矛先が子どもに向かわないように

・深呼吸する
・好きな香りをかぐ
・トイレに行く
・紅茶や水を飲む

など、少し時間を置くとよいですね。

冷静になって考えれば、本当に怒りをぶつけるべき相手が見えてくるでしょう。

Chapter 2
16
会話のコツ編

表情のコツ

表情と発言を一致させる

無表情がいちばん怖いです。

子どもと会話する際には、表情や身振り手振りも大切です。子どもは言葉からではなく、表情、態度、しぐさから、情報の8割を受けとっていると言われます。

ですから、表情と発言の内容を一致させましょう。

無表情でほめるお母さん、意外に多いですよ。ちょっと怖いです。でも本人は悪気なく、無意識なのだと思います。

次のポイントを参考にしてくださいね。

ほめるとき　↓　口角を上げて、にっこりほほえみながら
叱るとき　↓　まじめな表情で真剣に
悲しいとき　↓　目尻、口角を下げて、しょんぼりしながら
楽しいとき　↓　顔がクシャクチャになるくらい、思い切り笑いながら
驚いたとき　↓　目を丸くして、のけぞるように

お母さんの表情が大切な理由はもうひとつあります。

子どもはお母さんの表情で、ものさしをつくっています。

つまり、ものさし＝価値基準を育んでいるのです。

お母さんがおびえていたら、「これは怖いものなのかな？」。悲しい表情なら「この行動はいけないことなんだな」。うれしそうな表情なら、「これはしてもいいみたい！もっとやってみよう！」という具合ですね。

ですから、無表情は判断材料がないため、子どもにとっていちばん怖い表情なのです。無表情は禁物ですよ。

「なぜうちの子は笑わないのかしら？」

と心配する前に、まずは自分の表情をチェックしてみましょう。

表情だけでなく、リアクションも大切。オーバーなくらいがちょうどよいですよね。

うまく表情をつくれないときは？

ときどき
「何だか演技っぽくなってしまって、うまくできません……」

と言うお母さんがいます。

たしかに最初は恥ずかしいかもしれません。でも、何度もトライすると慣れていきます。鏡の前で練習してみましょう。

また、**うまく表情がつくれないのは、顔の筋肉が固まっている**からかもしれません。

そんなときは表情筋をほぐす、顔の体操がおすすめです。

次のページでご紹介する顔遊びは、局アナ時代に教わったものをもとに、娘が生まれたときに親子で遊ぶためにつくったものです。

アナウンサーも表情が命。テレビでは、言葉で説明する以上に表情が多くを語ると教えられました。なぜなら、表情は一瞬で視聴者に伝わるものだからです。

ぜひ、表情豊かなお母さんをめざしてくださいね。

子どもといっしょにできる

顔遊び

子どもといっしょにやるのはもちろん、表情筋をほぐす体操としても使えます。最初は恥ずかしいかもしれませんが、顔の筋肉を思い切り動かすことで、ストレス発散にもなりますよ！

まねっこ遊び

1

まねっこまねっこ、
どんな顔？
大口開けよう！
あー！

2

まねっこまねっこ、
どんな顔？
ほっぺをふくらま
そう！　ぷうう！

3

まねっこまねっこ、
どんな顔？
舌を出す！
べええ！

4

まねっこまねっこ、
どんな顔？
目をつり上げよう！
めえええ！

5

まねっこまねっこ、
どんな顔？
タコの口！
ちゅうー！

6

まねっこまねっこ、
どんな顔？
ニャンコの目！
にゃああ！

7

まねっこまねっこ、
どんな顔？
ぶたの鼻！
ぶー！

表情遊び

1

かおかおかおかお、
どんな顔？
笑った顔！
ははは！！

2

かおかおかおかお、
どんな顔？
泣いた顔！
へええん！

3

かおかおかおかお、
どんな顔？
怒った顔！
んん！！

4

かおかおかおかお、
どんな顔？
すっとぼけた顔！
ぽわわん！

5

かおかおかおかお、
どんな顔？
大笑いした顔！
あーはっはっは！！

6

かおかおかおかお、
どんな顔？
困った顔！
ふうーーん！

7

かおかおかおかお、
どんな顔？
びっくりした顔！
わあお！！

8

かおかおかおかお、
どんな顔？
すっぱい顔！
すっぱあ！

子どもにとって本当に
怖い顔は「無表情」。
怒った顔ではないのです！

9

かおかおかおかお、
どんな顔？
子どもにとって
いちばん怖い顔！

Chapter 2
17
会話のコツ編

プラスアルファのコツ

子どもとの距離が縮まる、ちょっとしたコツを知っておく

ふだんの会話を見直してみましょう。

会話のコツからほめ方、叱り方、表情のコツを紹介しました。いかがでしたか？少し視点をずらすだけで、子どもとの会話がはずむはずです。できることからでよいので、ぜひ取り入れてみてくださいね。

ここでは、プラスアルファのコツをお教えしましょう。

●目線の高さをあわせる

あたり前のことですが、子どもは大人よりも背が小さいです。上から見下ろす体勢は、意図しなくても支配的な状況になります。話すときは、なるべくひざをついたり、中腰になったりして、子どもの目線にあわせましょう。

●同じ方向を向く

向かいあって、目を見て話すのはもちろんですが、たまには子どもと同じ方向を向いてみましょう。後ろから抱きながら本を読んであげる。横に並んでテレビを見る。こんなふうに同じものを見て、同じことについて話すと、安心感が生まれます。

●スキンシップをする

スキンシップはどんどんしましょう。「わたしは愛されている！」という満足感と同時に、幼いころにスキンシップをすると、やる気や創造力、集中力を司る前頭葉《ぜんとうよう》が発達すると言われています。ある研究では、幼いころに愛されず、虐待され気味に育った犯罪者の前頭葉は小さかったという結果も出ています。

私はいっしょにテレビを見るとき、話をするとき、いつも娘の手を握っています。娘はもちろん、私も落ち着く大好きな時間です。

●赤ちゃん言葉を使う

勉強熱心なお母さんほど「赤ちゃん言葉は使いません！」と言いますが、この時期限定の素晴らしい言葉なので、ぜひ積極的に使ってください。

赤ちゃんの口は小さく、話せる形になっていません。子どもはいちばん言いやすい言葉、つまり赤ちゃん言葉で口腔《こうくう》（口の中）を形づくっているのです。

とくに「ん」は、子どもが発音しやすい音だと言われています。「アンパンマン」が子どもに浸透しやすいのはそのためです。

子どもが「ワンワン！」と言うのを、「犬ね」と返していると、「わたしの言葉は通じてないのかしら？」と不安にさせてしまいます。

お父さんも恥ずかしがらずに、赤ちゃん言葉を使ってみてくださいね！

●家族だけの言葉をつくる

家族にしか伝わらない言葉は、信頼関係を育みます。

たとえば、方言や若者言葉も同じです。方言は、その地域のつながりを示しますし、若者言葉は、若者だけで通じあうことで連帯感を強めます。

ちなみに娘は私のことを「マミ子」（ママを変換したもの）、夫のことを「パーピーちゃん」（パパを変換したもの）と呼んでいました。ほかの人に聞かれると恥ずかしいですが、唯一無二の家族であることを感じられる、幸せな瞬間でもありますよ。

●声の出し方を工夫する

赤ちゃんは、高い音しか聞こえないと言われています。これがお母さんが自然と高音になる理由です。2歳くらいからは、低めの温かい声で話しましょう。

Chapter 2
18
会話のコツ編

男の子・女の子のコツ

女の子は
先を見ながら生きる。
男の子はこの瞬間を生きる

男の子は、宇宙人だと思ってください。

お子さんは、男の子ですか？　女の子ですか？　それとも両方でしょうか？

会話のコツは、これまでお話ししてきたとおりですが、男の子、女の子でちょっとしたコツの違いがあります。

女の子は情緒的に話すと伝わります。

たとえば、雨の中を走らないように注意をうながすときは「ツルンとすべって、頭をゴーンと打つから危ないよ」と擬態語や擬音語、形容詞などを使うと伝わりやすいです。

一方、男の子は合理的、科学的に話すと理解しやすいです。「水があるとすべるよ。お風呂もすべりやすいよね」と、根拠を軸にして話すと納得も早いです（走るか走らないかは、別ですが）。

また、女の子には映像的、感覚的に話すと伝わります。

「赤い屋根のおうちが見えたら右に曲がって、大きい看板のとなりにパン屋さんがあるよ」

一方、男の子には、事実関係や方角、数字を使うと伝わりやすいです。

「駅の方向に10メートル進んで、山田さんのおうちを右に曲がって、3軒めにパン屋さんがあるよ」

このように、用いる言葉を少し変えてみるとよいでしょう。

男の子って……、何者？

「息子の気もちが全然わかりません……」「うちの子（男児）、ばかなんでしょうか？」よくこんな相談をされます。男の子に悩むお母さん、多いです。

女の子は、先の見とおしがつく生き物と言われます。「これをやると、あとで危なくなる」と予測ができるのです。

つまり「ここを走ったら転ぶ　↓　転ぶことがわかるから走らない」という考え方

ができます。

しかし男の子は、「本当に転ぶかな？」と思って、１回試す生き物です。「だからさっき言ったじゃない！」は効きません。体で覚える生き物なので、女の子のほうが賢く見えるのでしょうね。

男の子の魅力はずばり、その「得体の知れなさ」です。

急に枝やダンゴムシを集め出したり、見えない敵と戦い出したり、「ちんちん！」と連呼したり……。理解に苦しみますが、これでもお母さんの注目を獲得しようと必死。つまり不器用さんなのです。

思い悩まずに、自分との違いを楽しむくらいの気もちで接するのがいいですね。

女の子はお母さんと同性なので、お互いの気もちが通じやすいから、発達が早いとも言われます。無意識に共感できる言葉をかけているのでしょう。

もしかしたらお父さんのほうが、男の子にぴったりな言葉をかけられるかもしれませんね。

男の子のゆっくりした成長には焦ると思います。でも大丈夫。

高校生くらいから心も体も急に成長します。今は、ポイントを貯《た》めている最中だと割り切り、かわいい期間を楽しみましょう！

Chapter 3

シーン別会話のコツ

Chapter 3
実践編

今日のできごとを聞きたいとき

×

親「今日は幼稚園どうだった？」

子「忘れたー」「まあまあ」

○

親「今日はおままごとしたの？」

子「うん。したよ」

親「へえ！　よかったね。だれとしたの？」

会話のポイント

・抽象的な質問は避ける。子どもはどう答えたらよいかわからない。

・知りたいことを明確にしてから質問する。

いよいよこの章からは、さまざまなシーンにあわせて、質問のしかた、答え方を具体的に紹介していきます！　このページから読み進めてもよいですし、悩んでいるシーンから読むのもおすすめです。それではまず、今日のできごとを知りたいときの会話のコツから始めましょう。

「今日は学校どうだった？」

この聞き方では子どもは答えにくいでしょう。こういう聞き方になってしまうのは、親自身が何を聞けばよいのか、わかっていないからではないでしょうか？　だから質問がぼやけてしまい、子どもは答えづらいのですね。

基本的には、46ページでもお話ししたとおり、聞き出すのはNG。子どもが話したいことを話したあと（感情・気もちを受け止めたあと）で質問をしましょう。

それをふまえたうえでのポイントは

①知りたいことをはっきりさせる

②4W1H（何、どこ、だれ、いつ、どのように）で、具体的に聞く

です。次に具体例を見ていきますね。

知りたいこと 給食を残さず食べたか

×「今日の給食どうだった？」

○**「給食のメニュー何だった？　ぜんぶ食べたかな？」**

知りたいこと 運動会の練習はうまくできたか

×「運動会の練習、うまくできた？」

○**「リレーの練習、何位だった？」**

知りたいこと 友だちと仲よくできたか

×「お友だちと仲よく遊べたの？」

○**「今日はだれとブランコで遊んだの？」**

このように、知りたいことをクリアにして「何、どこ、だれ、いつ、どのように」を使って質問すると、具体的になっていきます。

子どもが乗り気になって話しだしたら、邪魔せずに話を聞きましょう。

つまり「うなずいて、くり返す」ですね。

「どんな気もちだった？」「なぜなの？」という質問には、どう答えてよいかわからないので避けます。

ときどき子どもは、哲学的な表現やジーンとする言葉で返答してくれるときがあります。だから親も期待してしまうのですが、そんな答えは、年に一度か二度。

「ねえねえ、どんなふうに感じたの？」と尋問しないようにしましょう。

答えを選べる質問をする

さらに子どもが答えやすくするために、質問を**二者択一にするのも効果的**です。
親「今日の運動会の練習は、リレー？　それとも徒競走だった？」
子「徒競走だよ」
親「へえ。徒競走だったんだ。今日は何着だった？　1位？　2位？」
こんなふうに、親が答えをしぼってあげてもいいですね。

Chapter 3
実践編

外で騒ぐとき（飲食店や電車の中など）

×

親「走らないで！」
「静かにしなさい！」

○

親「（ほかのお客さんに向かって）すみません！
（子どもに向かって）走るってすごいよね。
でもここはレストランだから、静かにしようね」

会話のポイント

・周囲に迷惑をかけたら、親が謝る。
・元気のよさを認めてから、社会のルールを教える。

飲食店や電車の中で
「静かにしなさい！」

「騒がないの」

「ほかのお客さんにごめんなさいは？」

と指示や禁止をしているお母さんをよく見かけます。これはぜんぶNGです。

なぜなら、指示を出されたときはできたとしても、子ども自身が「ここでは静かにしよう！」と思って行動できるようにならなければ、意味がないからです。

それに、親の体裁を保つために、人前で子どもを叱っているという見方もできます。

つまり、しつけができていない親だと思われたくないから、「私は悪くないわよ」というアピールとして叱っているのです。これは子どもの自己肯定感を育むという親の役割から外れていますよね。


騒ぐ可能性のある子どもを飲食店に連れてきたのは親なのですから、親が謝ります。

ここがポイントです。


「お騒がせしてすみません！」

こんなふうに親が謝ると、子どもは、「こういうときに謝るんだ」とだんだん理解できるようになりますし、親が謝る姿を見るとすごく悲しくなるので「お母さんが謝らずにすむようにしよう」と思うようにもなります。

子どもを認めてから、社会のルールを教える

親が周囲にいる人に謝ったら、次は子どもの元気のよさを認めます。
・走り回れること
・大声を出せること
・動き回れること
これらは、本来、素晴らしいこと。ですから一度認めましょう。

そのあとで、社会のルールを教えます。

「元気に走れてすごい！　でも、ここはレストラン。ごはんを食べている人がいるから座ろうね」

「大きな声を出せるって素晴らしいこと。でも病院は、頭やおなかが痛い人がいるか

ら静かにしようね」

このように、子どもの元気のよさを認めたあとで、社会のルールを伝えます。

子どもは、自分の行動や思いを認められると、相手（親や社会）の気もちや言葉を理解できるようになります。

ときどき、叱る子育てはよくないからと言って、まったく注意しない親がいますが、それはただの非常識です。

命にかかわるときは別問題

87ページでもお話ししましたが、交通量の多い道路や駐車場で走り回ったり、騒いだりしたら、間髪入れずに

「走るな！」

です。命にかかわるときは、いきなり注意してください。

社会のルールを説明しているうちに、事故に巻き込まれてしまいます。

ふだんから場面に応じて、表情や声量にメリハリを効かせておくとよいですね。

Chapter 3
実践編

宿題をやってほしいとき

✕

親 **「宿題しなさい！」**

子 （めんどくさいなー……）

○

親 **「宿題、何時からやる？」**

子 「んー……、5時からやる！」

親 **「オッケー！　じゃあ5時まで遊ぼう」**

会話のポイント

・「しなさい！」と言っても、子どもは宿題を始めない。
・宿題をやるタイミングを、子ども自身が決めるようにする。

「宿題をすすんでやる子にするには、どうしたらいいですか?」

小学生の子どもがいるお母さんからとくに多い質問です。もちろん「宿題しなさい!」「宿題やったの?」はNGです。指示されてやったとしても、自分から「やりたい!」と思って取り組まなければ、意味がないからです。

ポイントは、子どもがルールを決めて、親はそれを尊重すること。

つまり、「宿題は何時から始めるのか」「いつから始めるのか」。これを子どもが決めることが大切です。

「宿題は何時からやろうか?」
「時計の短い針が、5のところにきたら始める?」
「ごはんの前にやる?　あとにやる?」
「遊ぶ前にやる?　遊んだあとにやる?」

などと質問して

「遊んだあとにやる!」

と子どもが決めたら、それを尊重しましょう。

自分で決めたと感じさせるのがポイントです。遊んで帰って来たら**「遊んだあとに宿題やるんだよね！　やっちゃおう！　がんばれ」**と子どものやる気をあと押しするような言葉をかけます。くれぐれも「あなたが決めたことでしょう」などと、嫌みを言わないように。子どものモチベーションが下がります。

ごほうびを用意してみる

宿題をやったら、ごほうびが待っていると感じさせるのもよいでしょう。「好きなアニメ番組を見られる」「いつもより長くゲームをできる」などですね。

いつもは30分かかる宿題をがんばって15分で終えられたとき、多くのお母さんは「じゃあ、もう1枚！」と追加の課題を出そうとします。これはＮＧです。次から子どもは、ダラダラと30分かけて宿題をやるようになるだけです。「早く宿題をやるとよいことがある！」と思えるのが大切です。

以前、漢字の書き取りの宿題が出たときのこと。早く終えたくて、乱暴に書いた子どもがいました。そのプリントを見たお母さんは激怒。消しゴムでぜんぶ消して、また一から書くように指示したそうです。

これはNG例の典型です。次回から、宿題をやらなくなってしまうかもしれません。まずは、宿題を早く終わらせたことを認めましょう。そしてその中で、ひとつでもていねいに書かれた漢字があったら、そこをほめます。

「早く宿題やってえらいね！　いつもより長い時間、漫画読めるね」「お！　この漢字はきれいに書けてるね！」

など声をかけます。すると

宿題をやると、お母さんが喜ぶ

↓

早くやると、ごほうびが待っている

↓

ていねいな字で書くと、もっとほめられる

こんな流れができあがっていきます。順番はひとつひとつ。いきなり完璧な宿題のでき栄えを求めないでくださいね。

中には「ごほうびのために宿題をやるのではないか」と心配するお母さんがいます。でも大丈夫。子どもは親が思うよりずっと賢いのです。そのうち子どもは、宿題をやることの本当の意味を理解していきます。

・先生や友だちにほめられる
・叱られない
・テストが解けるようになる
・自分は勉強が得意だと感じる

こんな経験をしていくからです。親が見ていないところで、子どもはいろんな経験をして、いろんなことを感じています。

子どもにとってのごほうびは、ゲームやテレビだけではないのです。ごほうびを用意することは「宿題をする目的を考える習慣ができていく」ということですね。

どうしても宿題をやらない子はどうする？

それでも宿題をやらない子には

「お母さんといっしょに、宿題やろう！」

と言ってみましょう。

「宿題という敵に、いっしょに立ち向かおう！」というイメージですね。子どもvs.宿題&お母さんという構図にならないように注意です。

そして、**鉛筆を持って、席に座っただけでもほめましょう。**宿題をやらせることが目的ではなく、やりたい気もちを育むことが目的です。

それでも、どうしても宿題ができない子には

「先生に言うための、宿題ができなかった言い訳を、いっしょに考えようか」

「おうちの手伝いをしていたので、忘れちゃいましたって言うのはどう？」

などと言ってみましょう。宿題をやらなかったあなたのこと、お母さんは認める。だけど、社会（学校）では認められないという現実を、言い訳を考えることによって、子どもに理解させるのが大切です。

「甘い！」と思われるかもしれませんが、10歳まではどこまでも子どものそのままを認めることに徹しましょう。

「このままずっと宿題をやらないのでは……?」と不安になるかもしれませんが、子どもは欠点を含めた自分を、そのままお母さんに認めてもらったという思いがあれば、何かのきっかけで急に自発的にやるようになります。

いっしょにランドセルを開ける

小学生になると宿題が出されます。子どもが、宿題は「やりたくないけど、やらされるもの」と思い込まない言葉かけができるといいですね。最初が肝心です!

そこで、幼稚園生や小学1年生のときから、**帰って来たらいっしょにかばんを開ける、ランドセルを開けることを習慣にしてみてください。**

勝手に開けてはいけません。子どものプライバシーを尊重しましょう。また、お母さんが勝手に開けると、明日必要なものも勝手に用意してくれると思われます。

ふたりで開けて

「体操着が出てきたね。じゃあ洗濯しなくちゃね」

「今日の宿題は何かな？」

「プリントがあるね。授業参観の案内だ。持ってきてくれてありがとう」


こんなふうに話してみましょう。

体操着を洗う。宿題をやる。プリントを渡す。このように、帰ったらやるべきことを少しずつ理解できるようになります。

すると、きれいな体操着を学校に持っていける。宿題を忘れずにすむ。お母さんに授業参観に来てもらえる。こういったメリットを感じるようになるのです。


底のほうからクシャクシャになったプリントやテストが出てきても「なんで早く出さないの！」「もう、クシャクシャにして！」と怒らないでくださいね。いっしょに開けてくれなくなります。

学校から帰ってきたら、まずはランドセルを開けて、今日すべきことを確認する習慣を身につけるのが大切です。

そして高学年までには、自分でランドセルを開けてやるべきことができるように、ゆっくり支えていきましょう。

Chapter 3
実践編

片づけてほしいとき

×

親「片づけなさい！」「こんなに散らかして！」

子（ああ……めんどくさいなあ）

○

親「いっしょに片づけよう！」「お人形は、上から2番めの箱だね」

会話のポイント

- 「レッツ」を使う。指示すればするほど、片づけなくなる。
- おもちゃや本の場所をいっしょに確認しながら片づける。

「片づけなさい！」

これはお母さんがよく言うフレーズ、ナンバー1です。

私のところにも多くのお母さんが

「片づけられる子にするには、どうしたらいいですか？」

と質問にやってきます。みなさん、相当手を焼いているみたいですね。

そもそも、子どもは「片づけ」のしかたがわかりません。そこから理解しましょう。

たとえばあなたが

「明日、自分で着物を着て来てください」

と言われたらどうしますか？　大体の人が困りますし、一度教えてもらう必要がありますね。

そしてまた

「次も着物を着て来てください。この間教えたからわかりますよね？」

と言われたらどうでしょう？　たしかに一度教えてもらったけれど、ひとりで着付けなんて絶対に無理！　と思いませんか？

子どもにとっての片づけも、同じこと。教えられていないから「片づけなさい」と言われてもわからないし、一度教えてもらっても、次からできるようになるわけではないのです。

それでは何と言えばよいか。それは**「いっしょに片づけよう！」**です。ここでも「レッツ」を使います。

そして、ひとつずつ場所を確認して片づけていきましょう。

「ロボットはあの箱だね。本は本棚だね」といっしょに確認しながら、親が片づけていきます。

すると子どもは、どこに何をしまえばいいのかがわかり、少しずつですが、自分で片づけるようになります。

子どもが散らかしたおもちゃは子どもが片づけるべき、と考えるお母さんが多いのですが、それはずいぶん先の話です。

なぜなら、片づけたいのは親だけで、できれば子どもは遊びかけのおもちゃをそのままにしておきたいからです。

このままでは「将来片づけができない大人になるのでは……」と心配するお母さんもいます。たしかに、子どもがいないときに片づけていては意味がありませんが、子どもの前でいっしょに片づければ大丈夫です。

「こんなに散らかして！」

と怒りながらではなく

「人形はこの上から2個めの箱だね」

と話しながら、おもちゃが帰る居場所をつくっていきましょう。子どもはよく見ています。

「自分は片づけが得意！」と思わせる

もし子どもが一生懸命に片づけたときには、思い切りほめてあげてください。たった5冊の本を片づけただけでもいいのです。

すると子どもは
「ぼくは、片づけが得意だ！」
と思い込めるようになります。次からは
「本の片づけ名人さ〜ん、お願いします！」
なんていうふうに頼むと、ノリノリで本を片づけてくれます。そうしたら
「ママはお人形を片づけるから、どっちが早いか競争ね！」
などと言って、ひとつずつ片づけられるように導いていけるとよいですね。
くれぐれも、「ほとんどお母さんが片づけたよ」といった嫌みは言わないように。
せっかくがんばった努力を台なしにしてしまいます。

片づいた部屋のゴールを見せる

そして最後に、片づいた部屋をいっしょに確認すること。これが大切です。

なぜなら、子どもは「片づいた部屋」が一体どんな状態なのかを理解していないからです。

「きれいなお部屋は気もちいいね」

「またここでいっぱい遊べるね」

と片づいた部屋で遊ぶことの清々《すがすが》しさを、しっかり言葉で伝えましょう。

ときどき、「いっしょに片づけて1年になりますが、まだ自分で片づけられるようになりません……」という相談を受けます。そんなときは
「英語、何年習いましたか？　ペラペラですか？」
と質問しています。片づけも同じ。10年間はいっしょに片づけましょう。

10年か……と、白目になってしまったお母さん。じつは、こんな朗報もあります。モデルルームのように片づいた部屋よりも、きのう遊んだおもちゃがそのまま散らばっているほうが、子どもの前頭葉が活発になり、遊びに工夫が生まれるという報告があります。

子どもが小さいころは、神経質になって「片づけなさい！」と怒る必要はなさそうですよ。

Chapter 3 実践編

時間の感覚を身につけさせたいとき

×

親

「もう30分もたったよ！」

「1時間前から言ってるでしょ」

○

親

「着替えの競争しよう！　時計の長い針が2にくるまでに、どっちが早く着替えられるかな!?」

「短い針が8にきたら、ねんねだよ」

会話のポイント

・子どもは時間の感覚がない。**時間を例に出して注意しても意味がない。**

・**アナログ時計を用意する。**針の位置を使って説明する。

「うちの子、全然、時間の感覚がないんです……」

これは本当によく相談されます。


早く寝てほしいのに、寝ない。

1分ですむ着替えに30分かかる。

ダラダラ食べるから、全然片づかない。


子どもの時間の感覚に振り回されてイライラするお母さん、多いです。

……はい！　**子どもには時間の感覚がありません。**

ですから
「もう30分たったよ!?」

「1時間前から言ってるよ！」

などの言い方は効果がありません。

おすすめは、**アナログ時計を見ながら、いっしょに計画を立てること**です。

「時計の長い針が6のところにきたら、出発だよ！」
「短い針が1回転したら、アンパンマンが始まるよ」
「毎日、短い針が8にきたら、ねんねするんだよ」

こんな感じで少しずつ、時間の感覚を身につけていきましょう。

スケジュールを立ててみよう

小学生になったら、1週間のスケジュールを画用紙に書き出すのもよいですね。学校の時間割とは別に、朝起きてから登校までの時間の使い方、帰宅後から寝るまでの時間の使い方、それぞれを子ども自身が決めると、けっこうがんばってくれます。また、時間を見える形にできるので、全体を見とおせるようになり、時間の感覚も身についていきます。

ただし、そのとおりにできなかったときに

「ほら、予定表では、テレビじゃなくて勉強になってるよ?」

などと指摘しないこと。

予定どおりに進めることが目的ではありません。

時間の使い方を、いっしょに考えるきっかけとして活用しましょう。

Chapter 3
実践編

テレビやゲームをやめてほしいとき

×

親「ゲームやめなさい！」「テレビ消しなさい！」

○

親「ゲーム楽しいね。何時までやる？」

子「3時までやりたい」

親「オッケー。短い針が3の《3時になったら》ところに来たらおしまいにしようね」

親「集中できてすごいね！　3時になったよ〜」

会話のポイント

・禁止すればするほど、子どもはやりたくなる。
・子どもがルールを決める。一方的に親が決めない。

そもそも、テレビやゲームって、子どもに悪影響なのでしょうか？

むかしアメリカで、テレビを見る子どもの学力は低いという研究結果が発表され、その考えが日本にも浸透しました。

しかし、アメリカの小児科学会が再調査したところ、テレビが子どもの成長を妨げるのではなく、**テレビをずっと見させている家庭は、すべてにおいて子どもに無関心である**という実態がわかりました。

つまりテレビをずっと見させている家庭は、勉強する環境を整えていない、規則正しい生活を送らせていない、栄養バランスのとれた食事を与えていない、などの傾向がある家庭だったのです。

テレビそのものが、子どもに悪影響だとはいえない結果が出たにもかかわらず、日本ではそれが浸透しませんでした。

また、ゲームが得意な子どものほうが、さまざまな能力が高い傾向にあるという研究結果も出ています。

日本では、ヒステリックになってゲームを否定する人がいますが、じつはそんなに悪いものではないのです。

ただし、テレビやゲームに子守りをさせるのはNGです。

・ママ友とおしゃべりしたい
・スマホをいじりたい

こういった大人の都合で、テレビやゲームを与え続けるのは、子どものコミュニケーション能力を低下させるおそれがあります。

また、子ども自身が「宿題をやりたくない」といった理由で、テレビやゲームに逃げている場合は要注意です。

これは依存と言ってもよいでしょう。現実逃避の手段として、お酒などに逃げるのと同じことです。

子どもがルールをつくる

テレビ番組やゲーム対戦の途中で、いきなり「やめなさい！」と言っても、逆効果です。

まずは、テレビやゲームを始める前に、終える時間などの**ルールをいっしょに決めましょう。**

「宿題やらないとゲームはやらせないよ」ではなく

「ゲームの時間はどうする？」

と子ども自身が決められるように質問をします。

ラストシーンやクライマックスで強制的に消すのはＮＧ。欲が満たされずに、ずーっと「見たい！」「やりたい！」が続くことになるからです。

もし、しつこく見続ける、やり続ける場合は

「おもしろそうだけど、お母さんはゲーム嫌いよ」

と主語をＩにして伝えましょう。

そして世の中には、テレビやゲームよりももっとおもしろいことや興味を引くものがあることを、親子であちこち出かけたりして体験できるとよいですね。するとあっという間にゲームを卒業するでしょう。

Chapter 3
実践編

「買って！」「欲しい！」が止まらないとき

×

子「カードゲーム買って！」

親 **「ばかになるから買わないよ」「うちにはそんなお金ありません」**

○

子「カードゲーム買って！」

親 **「いいよ！」「欲しいよねえ！」**

会話のポイント

・子どものわがままを真っ向から否定しない。まずは欲しい気もちを受けとる。

・わがままは親を試しているサインのことも。真意を探る。

子どもの「これ買って！」「欲しい欲しい！」にくたびれ果てていませんか？　おもちゃ売り場は、基本的に楽しい場所ですが、ときとして惨劇の地にもなりますよね。

まずは、欲しがるものを無下に「ダメ！」と言わずに「それいいよねえ」と受け止めましょう。そしてどんなふうによいのか、いっぱいお話しできるとよいですね。

たとえば

「なるほど～！　この赤色、たしかにいいよね！　そのよさがわかるなんてすごいなあ！」

「あなたがもってるヨーヨーと何が違うの？」

「これが、ほかのおもちゃと比べてすごいのはどこ？」

など、子どもが欲しいものに親も興味をもつことで、子どもの欲求が満たされていきます。

さらに、親を納得させられるプレゼン力も身につきます。

「買って！」と言うと、いつも理由を考えさせられることがわかると、子ども本人も本当に欲しいものを見分けられるようになっていきます。お話ししている間に、あんなに欲しいと思っていたのに、たいして欲しくないことに気づくかもしれません。

親も子どもも納得して買えば、それを大切にするでしょう。

これをくり返すと、親を納得させられるもの、自分が本当に大切にするものしか「欲しいとは言わない！」と自分を律するようになっていきます。

子どもの「欲しい！」「買って！」に、親も真剣に向き合いましょう。

高価な商品の場合は、もっとていねいにお話しします。まずは**「それ欲しいよね！」**と認めたうえで、高価なものであることをわかりやすく説明して、相談します。

「これは、いつも食べてるアイス700個ぶんもあるけど、どうしようか？」

「これでカードゲーム500枚買えるね。どうする？」

など、いつもは「いいね！」と言ってくれるお母さんから具体的に相談されたら、子どもも真剣に考えるでしょう。

「買って！」「欲しい！」としつこくダダをこねるときは、お友だちがもっているから欲しいだけのときも。また、仲間外れにされていることのSOSかもしれません。

「欲しいよね〜！　○○ちゃんも持ってるの？」

「学校で流行ってる？」

などと言いながら、欲しい理由を探ってみるとよいでしょう。

振り向かせる手段としてのわがまま

お母さんにこっちを向いてほしいから、わがままを言っている可能性もあります。

いっしょにいても、いつもスマホをいじっているお母さんが「買って！」とわがままを言うときだけ「だめよ！　買わないよ！」とスマホを置いて全力で注意する。

すると子どもは

「こう言えば、お母さんは振り向いてくれるんだ」

と思い込むようになります。

すると、子どもは止まりません。気を引くために、わがままを言い続けることになるわけです。

ですから、わがままを言うときよりも、よいことをしたら思い切り反応してあげましょう。「そのほうが得なんだ！」と、気づくようになりますよ。

Chapter 3
実践編

ごはんを食べないとき

×	○
親「早く食べなさい！」「好き嫌いしないの！」「ピーマン食べなさい」	親「いっしょに食べよう！」「おいしいね」「大きくなるために食べるんだよ」「無理に食べなくてもいいよ」

会話のポイント

・無理に食べさせなくても大丈夫。まずは食事が楽しくなる言葉をかける。
・嫌いな食材を強調した言い方をしない。

子どもが嫌がるなら、無理に食べさせる必要はないと思います。

それを今食べなくても子どもは育ちます。

でも、食卓にはいっしょに座りましょう。

「食べないなら、向こうに行ってなさい」はNGです。

食べなくても、家族でごはんを囲む大切さと楽しさを、子どもが実感できるとよいですね。

だから「食べなさい」は
「いっしょに食べよう」

に変換です。

ごはんの時間は、栄養摂取だけの時間ではありません。

また、ごはんを食べる意味を伝えるのもよいですね。
・体を丈夫にするため
・きれいな肌をつくるため
・賢い頭をつくるため

やみくもに「食べなさい」と指示するよりも、説得力がうまれます。
伝えるときは
「食べないと大きくなれないよ」よりも
「野菜を食べると、美人なお姉さんになれるよ！」
などと肯定的に伝えましょう。そのほうが子どもは素直に受けとってくれます。

好き嫌いを決めつけない

あまり食べなかったり、好き嫌いが多かったりすると、自分のせいかしら？と悩み、つい「食べなさい！」と怒ってしまうお母さん。気もちはよくわかりますが
「もっとピーマン食べなさい」と指示するのも
「ピーマン嫌いだよね」と決めつけるのもＮＧです。
もちろん「好き嫌いが多い子ね」も絶対にＮＧ。
人から指摘されると、苦手なことがより強調されて、自分が感じている以上に苦手になってしまいます。

ただし、食べない食材でも食卓には出し続けましょう。親がおいしそうに食べていれば、子どもも食べるようになるかもしれません。

子どもの好き嫌いは、短期間で終わることも多いからです。

もし苦手なものを初めて食べたときは

「おっ！　ピーマン食べたの？　すごいね！」

「ピーマン食べられるなんて、お兄ちゃんになったね」

とほめてください。そしてその日から、これまでと同じように少しずつピーマンを食卓に出しましょう。

またピーマンを食べない日があっても「この前食べたのに、なぜ？」とことさら非難せずに、親がおいしそうに食べていれば、また食べる日があるでしょう。小学校卒業くらいまでに、食べられるように見守れるとよいですね。

同じ素材でも、調理法や切り方を変えると案外食べられるかもしれません。

「ママ、今日は工夫してみたんだ。おいしそうでしょう」と食卓に出すのもおすすめです。やっぱり食べなくても、「ママがこんなにがんばったのに……」と言わないように気をつけましょうね。

Chapter 3
実践編

早く着替えてほしいとき

×

子「自分で着る！」

親「じゃあ、早く着替えなさい！」

○

子「自分で着る！」

親「**自分で着られるなんてすごいね**」「**よくボタンを留められたね**」

と言いながら、サポートする

会話のポイント

・子どもが「自分で着替えられた！」と感じる言葉を選ぶ。

・ぜんぶ自分で着替えさせようとしない。ところどころサポートする。

朝の忙しい時間に、なかなか支度をしてくれない子どもを見ると、イライラしてしまいますよね。
とくに着替えは、時間がかかりますね。
まだうまく着られるはずがないのに
「自分で着る！」
と言い張る子どもに
「じゃあ、やってごらん」
と言い放ち、しばらくたっても着替えられないのを見ると
「まだなの？」
と嫌みを言ってしまうパターン。これがとても多いです。
親は、１００％着替えを手伝うか、１００％自分でやらせるかの、二者択一になりがちなのですね。

ではどうすればいいか。
ポイントは、子どもの邪魔をしないようにサポートすることです。

・子どもがシャツのボタンに集中しているときは、ボタンをかけ違えないように、下のほうをそろえておく
・子どもがトレーナーを着るときは、頭と手が出やすいようにそでをもってあげる
・上のボタンを留めているうちに、下のボタンを留めておく

こんなふうに、サポート役に徹しましょう。

子どもは全体の30％でもできれば、「自分でやった！」と満足できますよ。


大切なのは、子どもが「自分で着替えられた！」と思えること。

だから、手伝ってあげたとしても
「よく自分で着替えられたね」

と声をかけてくださいね。

「お母さんが手伝ったでしょ」などとは言わないようにしましょう。

靴も同じです。

「自分ではく！」

と言い張る子どもを、上からじーっと見つめるのではなく、はきやすいように準備してあげたり、片方の靴ひもを結んであげたり、サポートします。

料理番組のアシスタント役のイメージですね。

主役はあくまで料理家の先生ですが、番組をスムーズに進行するには、アシスタントのサポートは必須です。

子どもには「自分でできた！」という、よい錯覚をどんどん覚えさせましょう。

Chapter 3
実践編

朝、起きないとき

×	○
親「早く起きなさい」「遅刻するよ！」	親「いっしょに起きよう！」「今日は◯◯ちゃんと遊ぶんでしょ？」
子（……うるさいなー）	子（……ん～、起きたい！）

会話のポイント

・「レッツ」を使って、元気よく起こす。思わず起きたくなる言葉をかける。
・「起きて何をするか」まで伝えられるとよい。

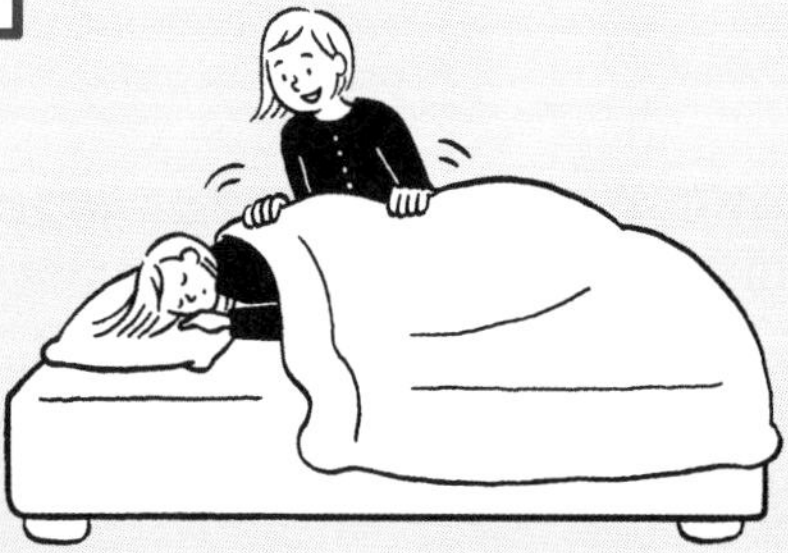

「起きなさい！」

こんなふうについ命令口調になってしまうときは「レッツ」を使って

「起きよう！」

に変換しましょう。

「朝ごはん、あなたの好きなフルーツシリアルよ」

「雪が降ってるよー！」

「○○くんと遊ぶんでしょう？」

など、起きたくなる言葉をかけるのも得策ですね。

また

「○○くんと、どこで遊ぶんだっけ？」

と子どもが考えて答えられるような言葉をかけると、目が覚めますよ。

ネガティブな起こし方をしない

「あなたは本当に朝が弱いわね」

「ねぼすけ！」

など、ネガティブな起こし方はNGです。

そういう言い方をすればするほど、子どもは起きません。

78ページでもふれましたが
「自分は起きられない人間だ」「わたしは朝に弱いタイプなんだ」

と思い込んでしまい、ますます自分で起きられなくなります。

今後の人生、ずっと起こし続けることにならないために、**ネガティブワードは封印**しましょう。

朝の30分はスキンシップ

できれば30分かけて、スキンシップしながら起こしてみましょう。

肌と肌のふれあいは、前頭葉を活性化し、集中力を高めます。すると、一日の過ごし方が見違えるほど変わります。ぜひやってみてください。


やり方はかんたん。

足→お尻→おなか→腕→頭→顔
の順序でやさしくゆっくり、さすったり、マッサージをしたりします。

敏感な顔まわりからいちばん遠い足から始めるのがポイントです。いきなり顔をさすると子どもは嫌がります。

登園したらみんなで、おしくらまんじゅうをする幼稚園があります。これもスキンシップのひとつですね。

スキンシップは親にとっても極上の時間。

ぜひ起床時間30分前から、スキンシップをスタートしてみてくださいね。

Chapter 3
実践編

夜、寝ないとき

×

親「早く寝なさい」

子（まだ眠くないよ〜）

○

親「いっしょに寝よう」「いっしょに絵本を読もう」

子（ママもいっしょだ！）

会話のポイント

・寝る前の習慣を決める。

・早く寝かせたければ、早く起こす。

子どもの立場で考えると

「パパとママはおもしろそうなテレビ番組を見てるのに、どうしてわたしだけ寝なきゃいけないの？」

と感じるのも、無理はないと思いますよね。ですから寝ないときは、もう**子どもといっしょに寝てしまう**のがベストです。

「寝なさい！」ではなく**「いっしょに寝よう！」**です。

また、寝る前の習慣を決めておくとよいでしょう。

・絵本を読む
・やさしい音楽を聴く
・今日のできごとを話す
・ほめてあげる

こんなふうに、**ふとんに入る楽しみを用意しておく**とよいですね。ふとんの中は、お母さんを独占できる場所だとわかると、喜んでふとんに入るようになります。

また、就寝前にやることを決めておくと、体も「今から寝るんだ」と察知して、眠りに入りやすくなります。

このときお母さんは、ふとんに入ってから30分は「子どもとゆったり過ごそう」と思うこと。ふとんに入ったら、すぐに子どもは寝るわけではありません。8時に寝かせたいと思ったら、7時30分から部屋を暗くして、ゆったり物語をお話しするなどできるとよいですね。

それでも寝かしつけることが難しい場合は、1日の生活サイクルを見直しましょう。朝早く起きて、昼間たくさん体を動かせば、心地よく疲れて夜は早く眠れるはずです。お昼寝の時間も早めに切り上げます。

ふとんに入るベストタイミングは、温まった体が冷えたタイミング。お風呂から出てすぐの就寝はさけましょう。

なぜ子どもは早く寝なきゃいけないの？

できれば、**夜8時、遅くても9時までには寝かしつけましょう。**

今までお会いした優秀な人（大人）は、みんな「小さいころは早くに寝ていた」と口をそろえます。睡眠、とくに10歳くらいまでの睡眠時間はとても大切です。

夜10時から深夜2時は、2つのホルモンが分泌されて、ゴールデンタイムといわれています。この時間帯に寝室を真っ暗にして眠ると、ホルモンをたくさん浴びられることがわかっています。

ひとつは成長ホルモン。体を大きくして、脳を成長させてくれます。「寝る子は育つ」ということわざのとおりですね。

もうひとつは、アンチエイジングのホルモンであるメラトニン。就寝中にこのホルモンをたくさん浴びた子どもは、性的成熟が抑制されます。

夜ふかしする女の子は、早期に初潮を迎える傾向にあります。早くから子どもを産む準備態勢に入ってしまうということです。

子どもを早く寝かせることには、意味があるのですね。

Chapter 3

実践編

お手伝いをしてほしいとき

×

親 「たまにはお手伝いしなさい」「ほかの食器もあるでしょ？」

○

親 「お皿洗ってるから、運んでくれるとうれしいな」

子 しぶしぶ自分の食器だけを運ぶ

親 「わー！　ありがとう。ママのぶんもまだあるかな？」

会話のポイント

・手伝わないことをいちいち怒らない。嫌みを言わない。

・手伝ってほしいときは、具体的に伝える。

今まで何度もお話ししたので、すでにおわかりですね。

そうです。

「手伝って！」

と指示して手伝ったとしても、意味はありません。自らお手伝いしたいという気持ちを育むことが大切です。

そのためには、「レッツ」に変換しましょう。また、具体的に説明するのもよいですね。


「ごちそうさま！　よーし、食器を運ぼう！」

「テーブルふいてくれると助かるよ！」

「ごはんの準備できたから、お箸出してくれる？」


こんな感じですね。

「手伝うなんてあたり前なのに、なぜ子どもに気を遣うの？」と思われるかもしれません。でもこれを続けると、今度は子どもから動きだすようになります。

結局「手伝って！」と指示するよりも、近道で効率的。

最近は、家のお手伝いよりも、習いごとや勉強を優先させるお母さんが多いのも事実。でもお手伝いはとても大切です。お手伝いから学べることはとても多いからです。

ただし、あえて極端に言いますが、基本的に子どもは手伝いをしない生き物だと思ってよいでしょう。ですから、手伝わない子どもに、いちいち突っかからないことです。

家族全員が役割をもつ

でも、もっと根本的に大切なことがあります。

それは、家族の一員なら手伝うのはあたり前という考えを、子どもがもつこと。

そのためには、お父さん（場合によってはお母さん）も含んだ全員で、片づけなどを行いましょう。お母さんが片づけやそうじをしている間、お父さんはずっとリビングでくつろぐような家庭では、自分から手伝う子どもには育ちませんし、そんなお父さんが「手伝いなさい」と言っても、何だか説得力がありませんよね。

だからといって、急にお母さんがお父さんに対して

「パパも手伝ってよ！」

と言うのは逆効果。「うるさい女だな」と思われるだけです。

やってほしいときは明確に、そして笑顔で伝えましょう。


「パパ、ゴミを出してくれたらうれしいな」

「あなた、食器運んでくれてありがとう！」


こんなふうに伝えると、夫も喜んで手伝います。

夫は、何を手伝ったらよいのかわからない、妻の邪魔をしてはいけない……と考えてやれないだけなので、具体的な役割がわかったほうが、動きやすいと言われています。

最初は面倒に感じるかもしれません。しゃくにさわるかもしれません。

でも、夫も自分が必要とされているとわかれば、俄然《がぜん》やる気になって、自然と習慣になっていきます。そのときに大切なのは、夫がせっかくやったことに、ダメ出しをしない。妻がやり直さないこと。そのままを認めて、感謝の気もちを伝えます。そうすれば、夫も妻に感謝するようになるでしょう。

Chapter 3
実践編

兄弟姉妹にやきもちをやくとき

×

子「○○（妹の名前）なんて大嫌い！　ママも大嫌い！」

親「**お姉ちゃんなんだから、そんなこと言わないで**」

○

子「○○なんて大嫌い！　ママも大嫌い！」

親「（ニコニコしながら）**ママはお姉ちゃんのこと、いちばん大好きだよ**」

会話のポイント

・発言を額面どおりに受けとらない。いっしょになって感情的にならないこと。

・さみしさの裏返しと思えば、暴言も愛《いと》おしくなる。

「大嫌い！」

と言われたら、とても悲しいですね。

でも、**子どもの「大嫌い」は「大好き！」の裏返し**です。

子どもはお母さんを自分のものだけにしようと、あの手この手で振り向かせようと必死です。なんて健気《けなげ》なのでしょう！

親もいっしょに感情的になってバトルをしてはいけません。

とくに兄弟姉妹は、お互い大好きな存在だけど、お母さんの独占を邪魔するライバルでもあるわけです。

たとえば

「○○（妹の名前）なんて大嫌い！　ママも大嫌い！」

と言われたら

「ママはお姉ちゃんのこと、いちばん大好きよ」

と言ってあげてください。

「いちばん」という言葉が大切です。子どもが

「わたしは妹よりも愛されてるんだ！」

と思ってもいいのです。

「お姉ちゃんと○○ちゃん、同じくらい大好きよ」

はＮＧです。

ふだんは「ふたりとも同じくらい大好き」で問題ないですが、こういう発言が始まったら、子どもは
「同じは嫌なの！」

という思いを強めています。思い切り
「あなたをいちばん愛してる！」

と言ってあげましょう。

今度は妹が「ママ、わたしのことは好き？」と言ってきたら
「ママは○○ちゃん（妹）のこと、いちばん大好きよ」

と妹を見ながら、ささやいてくださいね。

「どっちがいちばんなの？」と言われたら

「どっちがいちばんなの？　いちばんってひとりだけでしょう？」

と論理的に言われたら
「いちばんは、パパよ」

と答えます。

すると子どもは、「それはしょうがないな」と感じて引き下がるでしょう。

とにかく大事なのは、子どもの感情に乗っかって、正論でぶつからないこと。

子どもがこういった暴言を始めたら「あ、こっちを向いてほしいのね」「健気でかわいいわね」と喜んで受け止めましょう。

もしかしたら、お母さんはM気質くらいのほうがよいのかもしれませんね。

兄弟姉妹でケンカが始まったとき

×

親「お兄ちゃんなんだから、やさしくしなさい！」

○

親「（兄に）お兄ちゃんはロボットどうしたいの？」

子「絶対に、さわられたくない……」

親「（弟に）お兄ちゃん、さわられたくないんだって」

会話のポイント

・親はきょうだいの間に立って、通訳に徹する。
・よい、悪いを決める裁判官にならないこと。

きょうだいがいると、必ずケンカが始まります。

お母さんは「こんなときはどうしたらいいの？」「母として、ちゃんと止めなければ！」「どうして仲よくできないのかしら……」と対処のしかたがわからず、イライラすると思います。

でもケンカは、子どもの成長には欠かせない大切なコミュニケーションのひとつ。まずは「ケンカができるくらい仲がいいのね」とにっこり笑ってどーんと構えましょう。

でも、なるべく早めに切り上げたいのが親の気もち。きょうだいゲンカが始まったらどうするか。

それは、通訳に徹することです。

多くのお母さんは、

「あなたはお兄ちゃんなんだから、やさしくしなさい」

「泣かないの！」

といったように、裁判官になってしまうのです。

どっちが正しいか、悪いかを決めたくなるのですが、それはフェアではありません。なぜなら、きょうだいには年齢差があるからです。つまり、感情の伝え方にも差があるのです。

言葉をうまく話せる兄と、話せない弟。体力のある兄と、体力のない弟。ですから、その不公平感をせめてお母さんがなくしてあげましょう。

ふたりが同じ土俵に上がれるよう、通訳に徹するのです。

子どもは感情が先走っているので、気もちを整理する術《すべ》がありません。気もちの整理の手伝いをするイメージをもちましょう。

たとえばロボットのおもちゃの取りあいの場合。

親「(兄に) お兄ちゃんはロボットどうしたいの？」
兄「絶対にさわられたくない」
親「(弟に) お兄ちゃん、さわられたくないんだって」
弟「えー。でもぼく、遊びたーい」
親「(兄に) 貸してほしいんだって」

兄「絶対に、嫌だ」
親「(弟に) お兄ちゃん、貸したくないんだって」

このようにお母さんが通訳をくり返します。

うまく言えない気もちをお母さんが言葉に置き換えていくことで、子どもも表現力が身につき、言葉で伝えられるようになっていきます。

また、3歳を越えたくらいのお兄ちゃんは、「ぼくって、いじわるなのかな?」と感じるようになり、だんだん貸してくれるようになります。そんなときはすかさず

「(兄に) お兄ちゃん、貸してくれるの? えらいね」

「(弟に) お兄ちゃん貸してくれるって! よかったね」

と言いましょう。
このときお母さんは
「お兄ちゃんだから当然でしょ」「いじわる言わないの」など、感情や意見をいっさいはさまないこと。
それを言ってしまうと

「お母さんは、いつも、弟の味方ばっかりする……」と感じ、いつまでたっても自分から貸せるようになりませんし、ケンカを子どもどうしで解決できるようになりません。

通訳に徹した場合でも
「絶対に、貸さない！」
と言い張ることもありますが、お母さんは中立の立場を崩さないようにしてくださいね。

「（弟に）お兄ちゃん、嫌なんだって。違うおもちゃもあるよ」

などと言ってみましょう。けっして、お兄ちゃんを怒らないことがポイントです。大人にも、だれにも貸したくない大切なものがありませんか？　きっと、今のお兄ちゃんにとっては、それがロボットのおもちゃだったのです。

あきらかに悪いほうがわかっているとき

悪いほうが、あきらかにお兄ちゃんだとわかっている場合。この場合も同じで、通訳に徹してください。

いくらあきらかと言っても、その「あきらか」というのは、お母さんの見ている範囲でのこと。

もしかしたら、ケンカが始まる前に、弟がちょっかいを出していたのかもしれない。それをお兄ちゃんは我慢している最中だったのかもしれない。

お兄ちゃんは、毎日何か思うところがあったのかもしれない。

たまたまお母さんが見ている範囲でお兄ちゃんが悪かっただけで、原因は別にあることもあるのです。

通訳に徹するなんて、遠回りに思うかもしれません。

しかし、ケンカのたびに怒っても、同じことをくり返すだけ。ずっと子どものケンカにつきあい続けて、裁判していくことになります。

最終目標は、ケンカは子どもどうしで解決できるようにすること。それを念頭に入れながら、通訳に徹してみてくださいね。

Chapter 3
実践編

あまり言ってほしくない言葉を連呼するとき

×

子「うんち、ブリブリ〜！」

親**「恥ずかしいからやめなさい！」**

○

子「うんち、ブリブリ〜！」

親**無反応**

会話のポイント

・人を傷つける言葉ではないので、基本的には楽しむくらいの気もちでいる。

・反応すればするほど子どもは喜ぶ。外では無反応に徹する。

こんな相談を受けることがあります。

「うちの子、どうして変なことばかり言うのでしょうか？　恥ずかしくて困ります。

うんち

おなら

おっぱい

おちんちん

などなど、しかも外出中に大声で……」

連呼されると、さすがに恥ずかしいですよね（笑）。

でも、人を傷つける言葉ではないので、いっしょに楽しむくらいがちょうどよいでしょう。

子どもは、その言葉自体をおもしろがっているわけではありません。お母さんの反応を楽しんでいます。

ある意味、それも成長のひとつ。

今までは、泣く、引っ張るなどの幼稚な行動でしか、お母さんの気を引けなかったのに、言葉で気を引けるようになったのは、大きな成長の証《あかし》なのです。

言葉のコミュニケーションの転換期ととらえましょう。

家では楽しんで、外では無視する

家の中でなら、いっしょにその言葉を言いあうのも意外と楽しいものです。

娘が幼かったころ、いっしょになって

「おっぱい！　おっぱい！」

と言っていたら、最後には私のほうが楽しんでいた記憶があります。

子どもは、一生、そんな言葉を大声で言うわけではありません。今だけのとってもおきの時間と考えると、愛《いと》おしく感じられますね。

もし、外出先でどうしてもやめてほしいときは、無反応に徹しましょう。

「やめなさい！」

と注意すればするほど、子どもは喜んで続けます。

子「ママのうんち臭～い」
親（無反応）
子「ママのうんち臭～い」
親「あっ！　ポッケにチョコが入ってたよ！　食べよっか？」

こんなふうにいっさい反応せず、それでもしつこいようなら、何ごともなかったように別の話題を切り出してみましょう。

Chapter 3
実践編

乱暴な言葉づかいをやめさせたいとき

×

子「ばばあ！」

親 **「そんな言葉はやめなさい！」**

○

子「ばばあ！」

親 **「まあまあ、こんなばばあの言うこともたまには聞いておくれよ」**

会話のポイント

・ストレートに受け止めずに、ギャグにするくらいがちょうどよい。

・親の言葉をまねしていることも。言葉づかいを見直す。

これも前項の174ページと同じく、子どもの言葉をストレートに受け止めないようにしましょう。

過激な言葉にいちいち反応していると、エスカレートしていきます。

ちょっとしたギャグにして返答するのがおすすめです。

子「でぶ！　でぶ！」

親「きゃー！　ママ、ぶたになっちゃうかもしれないわ～」

こんな感じですね。ブームが過ぎれば、言わなくなりますよ。

子どもがお父さんに

「くそおやじ！」

という暴言を吐いて、お父さんが激怒しても、お母さんはそっと見守ります。どちらの味方もせずに

「（子どもに）パパ、落ち込んでたよ」

「(夫に)あの子も口が達者になったのよ」

このように、あとでそっとフォローしましょう。

なぜなら、その乱暴な言葉自体が問題なのではなく、なぜそんな言葉を言ったのかを考えるほうが大切だからです。

落ち着いたころ、そっと子どもに寄り添えば

「だって、パパ、約束やぶったんだ」

と本音をもらすかもしれません。言葉尻をつかまえて関係をこじらせるより、訴えたいことの信号と理解したほうが、乱暴な言葉も早くもとに戻るでしょう。

身内以外で、実際に太っている人に「でぶ!」とか、実際に髪のうすい人に「はげ!」と言うときは

「たしかに太ってるかもしれない。でも本人は気にしてるかもよ?」

など、相手の立場や気もちが想像できる言葉をかけましょう。

さらに、差別用語などを子どもが言ってしまったときは、叱るというより、悲しい

という気もちをしっかり伝えます。世の中にはいろいろな個性をもつ人がいて、お互いにそれを認めあって、支えあって生きていける社会にしよう！　と子どもに伝わる言葉でていねいに伝えられるとよいですね。

自分の口グセを見直す

「うめえ！」

「ヤバい！」

「やめろよ」

「てめえ」

「おい！」

こういった言葉を言ってほしくないなら、自分も言わないようにしましょう。

「うめえ！」と言われたら、「おいしいね！」と返します。

自分の口グセが、子どもをとおしてわかってしまうくらい、子どもは即座にまねします。一度、自分の口グセを見直してみましょう。

Chapter 3

実践編

会話が続かないとき

×

親 **(何か話さないと、何か話さないと……)**

子 (パパがこっち見てる、こっち見てる……)

○

親 **「今日、パパさあ、会社でね」**

子 「へえ〜! それでどうなったの?」

会話のポイント

- 「会話しないと!」と力む必要はない。
- いっしょに話したければ、自分の話をしてみる。

これまでお伝えしたとおり、子どもと無理に会話する必要はありません。

会話がなくても、親子、もしくは家族だけでゆっくりと過ごす時間なんて、最高に幸せだと思いませんか？


でも、子どもとふれあう時間の少ないお父さんは、たまにふたりきりになると「よし今だ！」と意気込んで、質問したくなるのかもしれませんね。


「学校はどうだ？」

「友だちとは仲よくやってるか？」

「先生とはうまくやってるか？」

「サッカーはうまくなったか？」


こんなふうに、自分が聞きたいことだけを聞いて、勝手にスッキリしてしまいます。

これで「子どもとコミュニケーションできた！」と錯覚しているのです。

また意気込んでいるときに限って、子どものノリが悪いと
「なんだよ。せっかく話してあげてるのに」
なんて思うことも。
いつもは話せないぶん「巻き返すぞ！」と力む気もちもわかるのですが、これでは子どもは話しません。

子どもには、子どもの話すタイミングがあります。

そのタイミングは、大人が思うよりもゆっくりとした流れで訪れます。

ですから、子どもが話しだすのを待ってあげましょう。話しだしたら
「へえ！」

「それで？」

「公園に行ったんだね」

とうなずいたり、くり返したりしてあげてくださいね。

自分の話をしてみる

話をしたいときは、聞き出すのをやめて、自分のことを話してみましょう。

親「今日さあ、会社でね、パパほめられたんだよ！」
子「なんで？　なんで？」
親「たくさんのお客さんに車を買ってもらえたからね」
子「すごいねー！」

こんなふうに、仕事の話をすると、子どもはとても喜びます。つれない態度だったとしても、心の中では「ぼくのパパはすごいんだ」と誇りに思い、「パパも大変なんだな。ぼくもがんばろう」と感じたりしているはずです。

聞き出そうとすればするほど、子どもは逃げていきます。それは大人も同じ。相手のことを知りたいなら、まずは自分の胸のうちを話してみましょう。

Chapter 3 実践編

先生とうまくやっているか聞きたいとき

×

親「先生とはうまくやってる？」

〇

親「先生はやさしそうだけど、怒ったりするの？」

子「うん。やさしいよ。でも怒ると怖いの」

親「へえ！　怒ったりするの？」

会話のポイント

・先生に怒られているかどうかなど、知りたいことを明確にする。

・漠然とした質問は、答えにくい。できるだけ具体的に聞く。

親として、先生と子どもの関係性はとても気になるところです。
とくに小学校に進学すると、先生のことは、子どもからの情報に限られます。
先生と子どもの何が知りたいかを、明確にしておくとよいでしょう。

・しょっちゅう怒られているのか
・ほめられることはあるのか
・ニックネームで呼ぶくらい親しいのか
・熱心な先生なのか

などですね。
たとえば、怒られているかどうか知りたいときは

親「先生はやさしそうだけど、怒ったりするの？」
子「うん。やさしいよ。でも怒ると怖いの」
親「へえ！　怒ったりするの？」

子「うん。怒ると怒鳴るの」
親「怒鳴るんだ〜。女子にも怒るの？」
子「うん。たまにあるよ」
親「あなたは怒られたことある？」

最初から「先生に怒られてない？」ではなく、段階を踏んで質問しましょう。子どもが話しやすくなります。

もし先生とうまくいってなかったら

先生との関係性が良好でない場合、
「そりゃあ、あなたが悪いわね」
「それは、あなたがもっとこうすべきだったのよ」
「謝らないといけないわ」
「先生に嫌われたら、成績下がるよ」

などと、指示や断定、脅しはＮＧです。話をぜんぶ聞いたあとで

「先生は、あなたを嫌いだから怒ったんじゃないのよ。こうなってもらいたいっていう、期待をこめて怒ってくださったのよ」

と、子どもと先生がきまずい関係にならないように伝えましょう。

「そんなの気にする必要ないわ」

こんな一言ですませてはいけません。

子どもは、怒られたことよりも、

「自分は否定された」

「わたしなんかクラスに必要とされてないんだ」

ということを気にしています。

まずは、そうじゃないことを口に出して伝えましょう。

先生との関係が深刻だったら

あまりにも先生との関係が深刻だった場合、先生に直接相談する手もありますが、その前に必ず子どもと話しあいましょう。

「お母さんが、先生とお話ししてみようか？」

「あのとき、そんなつもりじゃなかったっていうこと、お母さんから先生に話す？」

こんな感じですね。お母さんに勇気をもらって、子ども自身が「わたし、先生とお話ししてみる！」と一歩を踏み出せるかもしれません。

絶対に、親の勝手な判断で先生に話してはいけません。

たとえば

「先生、なぜうちの子どもを怒ったんですか？」

これが正論だったとしても、子どもと先生の間には溝が生まれます。

すると、子どもは親を信用しなくなってしまいます。

「お母さんに相談すると、すぐに先生に言われてしまう。次から報告するのをやめよう……」

と思わせてしまいます。

正直、暴走するお母さんが増えています。

子どもとの信頼関係を崩さないために、先生（学校）との関係をこじらせないために、ふたりで考えて、ふたりで決める。

これを大切にしてください。

そして「お母さんは、あなたと相談して、いちばんよい方法を決めたいの。絶対的にあなたの味方なのよ」と安心させてあげるとよいですね。

Chapter 3
実践編

友だちと仲よくやっているか聞きたいとき

×

親「○○ちゃんと仲よく遊んでる?」

子「あんまり……」

親「やっぱりね。あのとき、あなたがいじわるしたからいけないのよ」

○

親「○○ちゃん、元気?」「今日は、だれと帰って来たの?」

会話のポイント

・親が先回りして結論を言ったり、指示したりするのはNG。

・答えやすいように質問する。

何も問題なさそうなら、ストレートに尋ねてもよいと思います。

もし何か気になることがあるときは、子どもが答えやすいように質問しましょう。

「○○ちゃん、元気にしてる？」

「○○ちゃん、最近おうちに来ないね」

「席替えでもしたの？」


もし「最近、仲よくないいんだ……」というような答えが返ってきたら、「なぜ？」と問いつめず

親「そっか。仲よくないいんだ」
子「うん」
親「そっかそっか。ケンカでもしたの？」
子「うん。この間、ケンカしちゃったの」
親「ケンカしちゃったんだね」
子「わたし、ぶっちゃったの」
親「ぶっちゃったんだね。○○ちゃんのこと、怒ったからぶったの？」

子「うん。だって、勝手に人形さわるから……」
親「そっかそっか。それは嫌だったね。大切な人形だってこと、ママも知ってるもの。でもぶつのはよくなかったね。痛いものね」

こんなふうに、ひとつずつ聞いていきましょう。

子どもは、自分が悪い子だから友だちが離れてしまったんじゃないかと、自問しています。子どもが悪かったとしても、よい部分を見つけて、言葉に出して伝えることが大切です。先ほどの会話例でいえば
・ぶったのはよくないけど、人形をさわられたのは嫌だった。
これを認めてあげられるのは、親だけです。

すると子どもは友だちに「ごめんね」だけではなく、お母さんの言葉を思い出して「さわられたのが嫌だったから、ぶっちゃったの」と自分の気もちを添えて、話せるようになります。

子どもの話を聞いて、やっぱり子どもに非がある場合は、子どもがぜんぶ話してスッキリしたあとに

「ママなら、○○はしないかな」

と感情抜きで伝えます。社会のルールを教えることはやはり大事なことです。

最初から否定すると「なんで？　わたし悪くない！」となるので、聞く順番が大切。

子どもは賢いので、自分が悪かったことは、わかるはずです。

頭のよい親ほど、指示を出したがる

仕事柄、多くのお母さん、お父さんとお話しする機会があります。そこで強く感じるのは、**高学歴で頭の回転が速い親ほど、先に結論や指示を出す傾向があること。**

子「今日、○○くんとケンカしちゃった」

親「えっ？　ちゃんとごめんなさいって言った？」

「それは、あなたの態度が悪いからよ」

「ちゃんと言い返したの？」

「嫌なら、嫌って言わないと！」

こんなふうに、先回りして意見を言いがちです。注意しましょう。

悩みがないか聞きたいとき

×

親「何か悩みはないの？　困ったことはないの？」

○

親「相談したいことがあったら、お母さんには何でも話してね」

もし、言いたそうで言わないときは

親「いつでも言ってね。明日でもいいからね」

会話のポイント

・根掘り葉掘り聞き出したところで、子どもが話しだすことはない。

・子どもが話したそうなタイミングを見逃さない。

今までお話ししてきたとおり
「悩みはないの？」

「何か言うことはないの？」

と質問攻めはNGです。

基本的には、親から根掘り葉掘り尋ねてはいけません。子どもには子どものタイミングがあるからです。


でも、あきらかに悩みがありそうな場合。たとえば
・ため息が多い
・元気がない
・モジモジしている
これは、気づいてほしいサインかもしれません。

そんなときは
「どうしたの？　何かあったの？」

「お母さんには何でも話してね」

と素直に聞いてみましょう。ふだんから信頼関係ができていれば、ストレートに質問しても大丈夫です。

ときどき「子どもに変に気を遣ってしまって、なかなか聞けないのですが……」と相談されることがあります。

そんなときは、どうぞ「お母さん心配なの」と伝えてください。聞き出そうとせず、まずはお母さんの素直な気もちを伝えるところから始めましょう。時間に余裕のあるときがベストですね。

そしてもっとも大切なのは、「お母さんはいつでもあなたの味方よ」と感じさせること。

すると、実際に悩みを打ち明けなくても

「ぼくにはお母さんという味方がいるから大丈夫だ！」

と自分の中で解決することもあるのです。愛情に包まれている自分を確認できるのでしょう。

子どものサインをキャッチする

子どものSOSのサインは絶対に見逃さないでください。

不器用な子どもなりに、一生懸命訴えています。

いつもと言動が違ったり、態度がおかしかったり、体調不良を訴えたり……。子どもによって、サインの出し方は異なります。

そこはお母さんがきちんとキャッチしてあげましょう。

Chapter 3
実践編

友だちの悪口を言うとき

×

子「〇〇（友だちの名前）って、むかつくんだ」

親**「そんな言い方、やめなさい！」**

○

子「〇〇って、むかつくんだ」

親**「〇〇くんのこと、むかつくんだね」**

会話のポイント

・悪口を全否定しないこと。何かを気づいてほしいサインかもしれない。

・まずは、子どもの言葉をくり返して、気もちを受け止める。

子どもは語彙《ごい》が少ないので、ストレートな表現しかできません。
だから悪口もストレートなので、友だちの悪口を耳にするとつい
「そんな言い方しないの！」
などと注意してしまいます。

悪口を言うのには、何か理由があるかもしれません。子どもからのSOSかもしれません。

肯定も否定もせずに、まずはその気もちを受け止めてあげましょう。

子「○○ちゃんって嫌い！」
親「○○ちゃんのこと嫌いなんだね」

子「あいつ、むかつくんだ」
親「そっかそっか。むかつくんだ」

こんなふうに、意見をはさまずに言葉をくり返します。
そして次に事実を聞いていきます。

親「○○ちゃんと、学校でケンカしたの？」
子「うん。○○ちゃんが、わたしのノートとったの」
親「ノートとられちゃったの？」
子「うん。宿題忘れてきたからって」
親「○○ちゃん、宿題忘れちゃったんだ」
子「そうなの」
親「宿題やらないのはいけないことだね。
もしかしたら、○○ちゃんは宿題忘れて、あせってたのかもしれないね」

このように、事実を確認して、最後に意見を加えましょう。

子どもがほかの子の悪口を言うときは、それがよい行いなのか、悪い行いなのか。

許されるのか、許されないのかという、ものさしをつくっています。
つまり自分の中で、価値基準をつくっているのですね。

右の会話で言えば
・宿題をやらないのはいけない
・でも、ノートをとった友だちは、悪気がなかったかもしれない
こんなものさし（価値基準）がつくられるでしょう。

悪口を全否定していると、ものさしをつくる邪魔をしてしまいます。
ものさしをひとつひとつつくっていくことで、次から自分だったらこれはやめよう、これは続けようという判断ができるようになるのです。

Chapter 3
実践編

いじめられていないか知りたいとき

×

子「はあ……。学校行きたくないなあ」

親**「あなた、いじめられてるの？」**

○

子「はあ……。学校行きたくないなあ」

親**「そうだよねえ。行きたくない日もあるよねえ」**

会話のポイント

・聞くことに徹する。子どものサインをキャッチして、うなずいて、子どもの言葉をくり返す。子どもはそれだけで満足することもある。

いじめられていたら、どうしよう……。

多くのお母さんがそう思っています。いじめを苦に自殺したというニュースも耳にしますよね。

だからいち早く発見し、解決したい！　と思う気もちはよくわかりますが、あせらずじっくり、子どもに寄り添うように、ひとつずつ話を聞きましょう。

「いじめられてるの？」なんて、ストレートに質問してはいけません。

子どもは、いじめを自覚してないこともあります。また、自覚していても、自分が悪いからいじめられていると思っていることも。

だから「あなたはいじめられているのよ！」なんて、強調する必要はありません。

小さなサインがあったら、それをきっかけに切り出してみましょう。たとえば
・学校に行きたくないと言う
・友だちの悪口が多くなった
・服が破れていた、いつもより汚れている

・食欲がなくなった
・ため息が多くなった
・機嫌が悪い
など、子どもは小さなサインを出しているはずです。それに気づいてあげましょう。

子「はあ……。学校行きたくないなあ」
親「そうだよね。行きたくない日もあるよねえ」
子「そうなんだよ。学校なんて行く意味ないよ」
親「わかるわかる。ママも同じこと思ってたよ」

こんなふうに、小さなサインをきっかけに、子どもの話にうなずいて、くり返します。そして、子どもがいじめについて具体的に話しだしたら、聴くことに徹します。なかなか言いださない場合は

「お友だちに、嫌なこと言われたのかな？」

と切り出すのもよいでしょう。
そしてさらに話を聴いてあげましょう。

「嫌って言いなさい」「なんで言い返さなかったの？」

といった言葉はＮＧです。

嫌って言えないから困っているし、言い返せないから悩んでいるのです。

いじめられていると、
自分は生きている意味がないんじゃないか。
自分がいるから、まわりがギクシャクするんじゃないか。
子どもはこんなふうに自分を否定しがちになります。
だから
あなたがいてくれて、お母さんとお父さんは、どんなにうれしいか。
あなたという存在があるから、お母さんとお父さんは生きていられる。
こんなことを伝えられるとよいですね。
すると、子どもはまた勇気をとりもどして、自分と戦う力をもてるでしょう。

Chapter 3
実践編

いじめられていることが明確にわかったとき

×

親「じゃあ、相手のお母さんに相談しよう」

「先生に報告しなきゃ！」

「それはあなたが悪いんじゃないの？」

○

親「勇気を出して教えてくれてありがとう。どうしたらいいか、いっしょに考えよう」

会話のポイント

・親の勝手な考えで、先生や相手の親に伝えるのはNG。子どもの否定も絶対にNG。
・「いっしょに戦おう！」という意思を見せる。

断言しましょう。

いじめは、いじめるほうが100％悪いです。

「いじめられるほうも悪い」という考えは間違っています。

ですから、いじめられている子どもを絶対に否定しないでください。逃げ場がなくなります。

子どもが

「ぼく、いじめられてるんだ」「こんなことされて、嫌なんだ！」

と言えたら

「つらかったね。がんばったね。どうすればいじめがなくなるか、いっしょに考えようね」

と伝えましょう。親もいっしょに戦う姿勢が見えると、子どもは元気をとりもどします。

いじめられている子どもに伝えるべきこと

いじめられている子どもに伝えるべきことは

① お母さんはあなたを愛していること

② この状況は、ずっと続くわけではないこと

③ 逃げることは卑怯《ひきょう》ではないこと

以上の3つです。

ひとつめの「お母さんはあなたを愛していること」は、207ページでもお話ししたとおりですね。いじめられている子どもは深く傷つき、自分が悪いから、自分が変だから、いじめられていると感じています。

子どもが自己否定しないように、そして、あなたは生きる価値があるんだということをしっかりと言葉に出して伝えましょう。

ふたつめは「この状況は、ずっと続くわけではないこと」です。

子どもは非常にせまい世界で生きています。大人になればさまざまな交友関係が広がりますが、子どもにとっては学校や幼稚園が世界のすべて。

ですから

「いじめはいつか絶対に終わる。一生は続かないよ」

「来年はクラス替えもあるよ」

こんな言葉をかけて、この苦しいときは終わるときがくる！　と思わせましょう。

3つめは「逃げることは卑怯ではないこと」です。

むかしは、耐えることが美徳とされていました。

だからいじめから逃げる子は、何からも逃げる子になってしまうと考えられていました。でも、**逃げることは卑怯ではありません。**

たとえば獣《けもの》の場合、自分よりも大きい獣に遭ってしまったら逃げますよね。また、逃げるすきをうかがうために戦ったりします。「逃げる」は生きながらえるために必要な手段なのです。

「いじめっ子と戦う必要なんてない」

「学校を休んでもいいのよ」

「転校もできるよ」

こんな言葉をかけて、子どもの気もちをラクにしてあげてください。

精神的ないじめの場合

無視される、仲間外れにされるなどの場合は、幼稚園生〜小学1年生くらいなら**「○○くんのママにお話ししてみようか？」**と相談して、「うん。言ってほしい」という返答なら、相手のお母さんに話してみるのもよいでしょう。

親の勝手な判断で「先生に相談するわ」「相手のお母さんに報告しないと！」はNGです。あくまでも子どもの意見を尊重してください。

ただし、小学2年生以上の場合、先生や先方の親に相談すると、事態がややこしくなることがあります。

とくに女子の場合、いじめの構造が複雑化して、さらに陰湿になります。大人のいないところでいじめがエスカレートするので危険です。子どもと相談しながら、いじめっ子と距離をとるようにしましょう。通学時間を変える、誘われても「その日は用事があるから」とやさしくきっぱり断るなど、自然にいっしょにいる時間をなくすように協力できるとよいですね。

また、相手のお母さんを知らない場合は、常識的な親かどうかわからないので、小学2年生以下でも避けましょう。

暴力的ないじめの場合

みんなの前でズボンをおろされる、なぐられるなど、暴力的で過激な場合は、命の危険にさらされます。この場合は先生に報告し、先方の親も巻き込みましょう。大ケガを招く、死に至ってしまうなど、最悪のケースが起きてからでは遅いです。

とにかく、いじめられていたら、子どもと話しあい、どうすべきか考え、行動にうつすことです。

いじめに「待った！」はありません。仕事を休んででも、子どもと話しあうべきだと私は考えます。

Chapter 3 実践編

いじめていることがわかったとき

×

親「いじめはだめよ！」

「○○くんのお母さんから聞いたよ。いじめてるんだって!?」

○

親

さりげなく切り出す

「○○くん（いじめている相手）、最近、学校来てないみたいね」

会話のポイント

・最初から子どもを否定しないこと。自分が悪いことをしている自覚が芽生えない。

・いじめるということは、本人も何かに悩んでいたりする証拠。

自分の子どもがいじめる側だった。
これはある意味、いじめられるよりもつらいことかもしれません。
でも、きちんと話をして、まっすぐ受け止めてあげましょう。

この場合の最終目標は、**いじめはいけないこと、卑怯《ひきょう》なことだと本人が気づくこと。「もう、いじめない」と自分で決められることです。**

「いじめは、やめなさい！」
と言ってもやめませんし、やめたとしても、またどこかでいじめる可能性を残します。

そもそも、本人はいじめている自覚がない、いけないことだと感じていない場合もあります。ですから、子どもが自分で気づくような方向性で話しましょう。

まずはどんな状況なのかを確認していきます。

親「○○くん、元気？」
子「知らねー」
親「そっか。でも、学校休みがちみたいね。だれかに何か言われたのかな？」
子「あいつ鈍臭いから、邪魔なんだよ。みんな言ってるよ」
親「みんなってだれ？　あなたも言ってるの？」
子「言ってねえよ」
親「いつから言われているのかしら」

このように「何、どこ、だれ、いつ、どのように」を用いて、状況をはっきりさせていきます。最初から
「あなた、いじめてるらしいわね」「あなたは○○すべきじゃない」
などと決めつけないようにしましょう。本人は無自覚であることも多いからです。
そして
「お母さんはあなたのこと大好きよ。でもお母さんは、○○くんを傷つけるあなたは好きじゃないな」

と子どもを受け止めたうえで、いじめはよくないことを伝えられるとよいですね。

あまりにもいじめの実態がひどい場合は涙ながらに

「お母さんが○○くんだったら、悲しい！」

「お母さんが○○くんなら、傷ついて死んじゃうよ……」

と相手の立場や気もち、状況を気づかせる言葉をかけていきます。

すると「お母さんを泣かせてしまった」「悲しませることをしている」と自覚が芽生えるようになるでしょう。

いじめている子の心も傷ついている

いじめは、相手を不幸に落とし込んで、不幸な自分の幸福度を上げるもの。他人を突き落として、不幸な自分を浮かび上がらせようとする行為です。

だから、いじめている子ども自身が不幸である、つまり**満たされていない証拠でもある**のですね。

「自分の娘がいじめっ子になってしまった」と相談を受けたときのことです。
そのお母さんは、弟ばかりをかわいがっていて、お姉ちゃんのことは
「お姉ちゃんなのに、何でそんなことばかりするの」「本当にあなたはだめな子ね」
と否定する言葉ばかりをかけていました。
私に相談するときも
「本当にあの子は問題児で」「あの子に困ってるんです」
とネガティブワードのオンパレードでした。
こんな言葉を浴びせられていたら、子どもが孤独に感じるのはあたり前です。そして
てだれかを傷つけようとするのも自然な流れだと思いませんか？

一度、子どもへの態度や言葉を見直してみましょう。親は無自覚でも

・下の子の受験にかかりきり
・あたらしく生まれた赤ちゃんの世話にかかりきり
・仕事に忙しくて、向きあう時間がない

こんな状況が続いていたら、危険信号。子どもとふたりきりで話す時間や、過ごす日をつくってください。けっして時間量ではありません。ふたりきりという極上の時間、つまり質が大切です。子どもは、満たされればいじめをしなくなります。

傍観するのもいじめ

また、積極的にいじめていなくても、「ただ見ているだけ」もいじめであることを伝えましょう。

「ただ見てるだけっていうのも、ママはいじめだと思うよ」
「いじめるよりも、いじめられるほうが、まだまし」
「もし勇気があったら、やめよう！って、みんなに提案できたらいいね！」

こんな言葉をかけられたらよいですね。

Chapter 3
実践編

将来の夢を聞きたいとき

×

親「将来は何になりたいの？」

子「とくにないよ」

親「ん〜。なんだか残念だなあ」

○

子「とくにないよ」

親「そっか。見つかるといいね。小さいときパパはね」

会話のポイント

- 「ない」と言われても落胆しないこと。勝手に期待しないこと。
- 将来の夢に興味が向くような話をしてみる。

将来の夢を聞いて
「とくにないよ」

と言われても、がっかりしないでくださいね。

勝手に聞いて、勝手に落ち込まないことです。「覇気《はき》がないやつだ！」なんて思うのも親の勝手な気もちです。

将来の夢は、生活の中でゆっくり芽生えていくもの。あせらず、見守ってあげてください。


けれど、**将来の夢が明確にあればあるほど、強い子になることも事実。**

心が折れそうになっても、そのためにがんばれる子どもに育つからです。

そのためにも、子どもが将来の夢に興味をもてるような言葉をかけていくとよいでしょう。


子どもが一生懸命に励むことがあったら、積極的に声をかけていきます。

「すごくじょうずに絵が描けたね」

「○○ちゃんのピアノの音色、とってもすてき！」
「足が速い！　運動神経、抜群だ」
「将来はサッカー選手かな？」
「○○ちゃんのつくるお菓子はおいしいね」

など、自分はこれが得意かも！　と感じられる言葉をかけていきます。

ある友人は、小学1年生のときに物語を書く授業があり、そこで先生やクラスメイトにすごくほめられたそうです。

「○○ちゃんの話はおもしろいね」「続きも読んでみたい！」「どうしたらそんなふうに書けるの？」

こんな言葉が

「わたし、文を書くのが得意なのかも！」

という、よい意味での思い込みにつながったと話していました。今ではライターとして活躍しています。

仕事の話をしてみる

日ごろから、お父さん、お母さんの仕事の話をするのもよいですね。子どもは親が何の仕事をしているか、すごく興味をもっています。どんどん、自慢話をしてあげてください。

「お父さん、すごい仕事してるんだ」「お母さん、かっこいい！」と思うと、自分の夢もふくらみます。家庭にどんどん仕事を持ち込みましょう。

逆に、失敗談を聞かせるのもおすすめです。

「お父さんも怒られることがあるんだ。ぼくもがんばろう」と思えます。

ふだんはスーツ姿で何をしているのかわからないお父さん。そんなお父さんが仕事について話してくれる時間は、子どもにとって、きっと忘れられない時間となるはずです。

Chapter 3 実践編

離婚を伝えるとき

×

親「あなたのために離婚するのよ」
「あの人は私たちのことを捨てたのよ」

○

親「パパとママは話しあって、離れて暮らすことにしたの」

子「……」

親「けっして、あなたのせいじゃないからね」

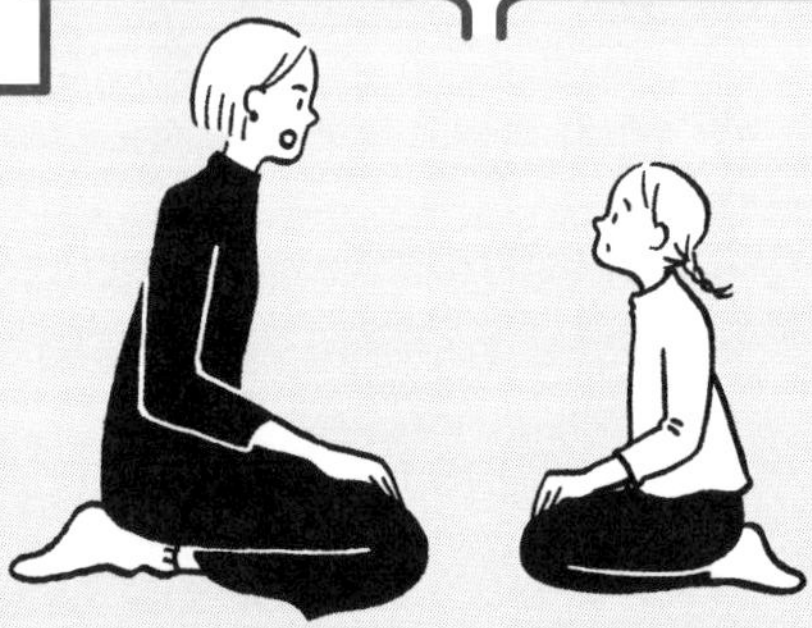

会話のポイント

- 「あなたのために」は最悪。原因が子どもではないことを強調する。
- 離婚は新しい生活への出発だ！と前向きに伝えること。

離婚の伝え方。

とてもむずかしいです。なぜなら、親自身がすでに感情的になっていたり、ナーバスになっていたりするからです。子どもは敏感に感じとります。

ですから、苦しいかもしれませんが、子どもに伝えるときは、冷静に、そして愛情深く接してください。

ポイントは、離婚の理由が子どもではないことを、強調することです。

また、相手のせいにするのはＮＧです。

どんなにひどい相手でも、子どもにとってはずっと親です。その親を否定していると、自分はだめな人の血が流れているんだ……と苦しめてしまうことになります。これからも信頼関係を築ける前提で話しましょう。

また、お父さんとお母さんが、ふたりで話しあって決めたことだと伝えるのもポイントです。子どもの年齢によっては、家族全員で相談していちばんよい形を決められるとよいですね。

「こうなったのは、あなたのせいじゃないからね」

「パパとママは納得して決めたんだ」

「離れても、あなたのことは大好きよ」

こんな言葉を、しっかり目を見て、伝えてあげてください。

そして、離婚はけっしてマイナスではなく、今よりもよい状態になる手段なのだと、親も子も納得して踏み出せるとよいですね。

「あなたのために離婚するのよ」は最悪です。

そもそも「あなたのために」は、親に言われてトップクラスに嫌な言葉です。

「勉強しなさい。あなたのために言ってるのよ」

「ママは、あなたのために仕事を辞めたのよ」

こんなことを言われて、子どもは「わたしのためにありがとう！」なんて思いません。それはただの責任転嫁です。

家庭内暴力を受けていたら

家庭内暴力、いわゆるＤＶの相談も受けることがあります。

もし、相手が子どもに暴力をふるうことがあったら、全力で止めてください。
本当に身の危険を感じる場合は、まずは逃げることです。子どもに
「なんでパパはぼくをたたくの？」
と聞かれたら
「あなたは悪くない。ママはあなたを愛してるわ」
と伝えます。
子どもは自分が悪い子だから、たたかれると思っているからです。

行動にうつす前に、子どもに相談するのもよいですね。

親「おばあちゃんのおうちに行こうと思うんだ。どうかな？」

子「うん。ぼくもそれがいいと思う」

すると子どもは「連れて行かれた」のではなく、自分の意思でおばあちゃんの家へ行ったと感じ、お母さんに頼りにされていることを自覚していきます。

お母さん自身も自分で決めて、どう生きるのかを選択していきましょう。

Chapter 3 実践編

赤ちゃんはどこから生まれてくるの？ と聞かれたとき

×

親「おなかからよ」「まだ知らなくていいの！」

○

子「赤ちゃんはどこから生まれてくるの？」

親「命の穴から生まれてくるのよ」

子「命の穴ってどこにあるの？」

親「おしっこの穴と、おしりの穴の間にあるのよ」

会話のポイント

・子どもが何歳であっても、まじめに答えること。
・はぐらかさない。恥ずかしがらない。

「赤ちゃんはどこから生まれてくるの？」

この質問は、5歳までに約8割の子どもが親に尋ねると言われています。

子どもが何歳であっても、どうぞ、本当のことを伝えてください。


「コウノトリが運んできたのよ」

「あなたは、まだ知らなくていいの！」

「変なこと聞くわね」

「橋の下から拾ってきたんだよ」

「おなかから生まれてきたのよ」

こんなふうに答えているお母さん、お父さんがほとんどだと思います。

これはとてももったいないことです。性教育は、言い換えれば、命の教育。子どもが尋ねてきたタイミングを逃さず、ごまかさず、本当のことを愛情いっぱいに伝えてください。


親が恥ずかしがったり、うろたえたり、はぐらかしたりすると、子どもは

「この話はお母さんには聞いちゃいけないんだ……」

と敏感に感じとって、それからは、何も話さなくなってしまいます。

すると、小学校高学年や中学生になったときに、初めてアダルトサイトや成人雑誌を見て、商品化された間違った性の情報を得ることになり、かたよった知識を身につけてしまうおそれがあります。親としてとてもとても悲しいことです。

「赤ちゃんはどこから生まれてくるの？」と聞かれたら、どうぞにっこり笑って、目線を合わせてしっかり答えましょう。「あとでね」は絶対にだめです。

子「赤ちゃんはどこから生まれてくるの？」

親「命の穴から生まれてくるの」

子「命の穴ってどこにあるの？」

親「おしっこの穴と、おしりの穴の間よ」

子「へぇー。そうなんだー」

親「うん。みんなに見守られて、赤ちゃんは自分の力で生まれてくるのよ」

性教育の専門家によっては、正式名称もはっきり伝えましょうと言う人もいます。それよりも、まずは子どもが知りたいことに、子どもが理解できる言葉で、ていねいに答えることが大切だと私は考えます。まずは

①自分がどこからどんなふうに生まれてきたのかという、自分のアイデンティティがわかるように話すこと。

②お母さんに聞けば、ごまかさずに本当のことを教えてくれる信頼感が得られるように話すこと。

この2点を押さえたうえで、次に、実際に子どもが生まれたときのことを続けましょう。

「ママたちのところに生まれてきてくれてありがとう。あなたが出てきたとき、ママはすごく幸せだった。パパも一瞬でパパらしい顔つきになったのよ」

「パパとママはどれだけあなたを待っていたか……。生まれたときはうれしくて泣いちゃった」

さらに話を続けます。

「あなたもこれから成長して、赤ちゃんを産む体になる準備が始まるの。だから、自

分の体を大切にするのよ。ほかの人にさわられたり、見られたりしちゃ絶対にだめ」
「女の子を守ってあげられる男になってね」

こんなふうにお話ししてみてください。

自分を愛《いと》おしく思い、相手を愛して受け入れ、赤ちゃんを迎えて育てる。それを教えていくことが親の務めだと思います。

まずは、愛されて、望まれて生まれてきたことを、口に出して伝えましょう。

性教育はまだ早い！　と身構えずに、子どもと自然体で向きあえるとよいですね。

帝王切開の場合は、おなかを見せながら話すのもよいでしょう。ただし、命の穴の話もちゃんと伝えてくださいね。

一度、タイミングを失ってしまったら

たまに

「先生！　うちでは、一度はぐらかしてしまって……。もう手遅れでしょうか？」

と相談されることも。

そういうときは、テレビの出産シーンや、だれかに赤ちゃんが生まれた話が出たときに、子どもが知りたそうにしていれば

「そういえば、あなたが生まれたときはね」

と自然に話すのがよいですね。

もちろん「赤ちゃんはどこから生まれてくるの？」と質問しない子どももいます。その場合は、お母さんの生理を見たタイミングや、生にまつわる話題になったタイミングで話してみましょう。

最初の情報が、アダルトサイトやアダルトビデオになってはいけません。

Chapter 3
実践編

生理や夢精のことを伝えるとき

×

子「ママどうしたの!? おまたから血が出てるよ!?」

親**「ママ、今日は病気なのよ」**

○

子「ママどうしたの!? おまたから血が出てるよ!?」

親**「これはね、生理というの。病気じゃないから大丈夫よ」**

会話のポイント

・はぐらかしたり、恥ずかしがったりしない。きちんと事実を話す。

・学校での保健の授業に頼り切らないこと。

10歳ころになると
「どうしてママから生まれてきたのに、わたしはパパに似ているの？」
と聞いてくることがあります。
命の穴のお話から、一歩踏み込んだ話が必要になってきますね。

理科の学習でおしべとめしべの構造は理解しています。

人間の場合も構造があることを説明しましょう。

小学4年生以降であれば、保健の授業で学習している場合もあるので、具体的な名称を使って話すとよいですね。

「男の人には、おちんちんがあるね。女の人には命の穴、つまり膣《ちつ》があるね。そこにおちんちんが入るの。それで、パパの精子とママの卵子が受精して、赤ちゃんに成長するの。2億個の精子の中から勝ち残ったのが、あなたなのよ。すごいね！」

「だから、あなたはパパにも似てるのよ」

このような感じでしょうか。

子どもはまじめに聴いて納得します。

もし、命の穴の話（228ページ）をしていない場合は、このタイミングを逃さずに、子どもが生まれたときのお話、命を育むことと自分の体を守っていくことの大切さを、ぜひ愛情込めてお話ししてくださいね。

大事なのは、子どもが知りたいことに、真剣に愛情たっぷりに答えることです。

生理の話をするときは

女子の生理は、小学4年生くらいから中学生の間に訪れます。

・赤ちゃんを産むための準備であること
・毎月訪れること
・場合によっては痛みをともなうこと
・ナプキンというものを使うこと

これらをきちんと伝えます。あわてなくてもすむように

「ショーツに血がついていたら、ママにすぐに言ってね」
「生理になったら、ナプキンを使うから、使い方を教えておくね」

と事前にいっしょに買いに行って、準備しておくのもよいですね。
そしていざ生理を迎えたら
「おめでとう！　大人の仲間入りね！」
とお父さんとお母さんで歓迎してあげてくださいね。

夢精の話をするときは

洗濯物のパンツが減った。パンツを買い足すようお願いされた。こんなことがあれば夢精があったのかもしれません。

実際、ベッドの下から大量のパンツが出てきたという話を耳にします。きっと、パニックになってどうしてよいかわからなかったのでしょう。

事前にそれとなく伝えておくとよいですね。

「男の子の体に変化が出てくる時期になってきたね。もしパンツを汚しちゃったら、そのまま洗濯機には入れないでね。1回、自分で洗ってから入れようね」

こんな感じですね。

そのときはすぐに理解できないかもしれませんが、実際に起こった際に、あわてずにすみますよ。

そしてもし打ち明けられたら、

「おー！　それは男になった印だよ。おめでとう！」

と祝福してあげてくださいね。

おわりに

娘・こころの初めての言葉は「パパ！」でした。

夫の大喜びした顔！　私が毎日「パパがね」「パパはね」と話しかけていたからでしょう。

娘が話せるようになった日、「ママ、かわいいねえ」と言ってくれました。気づけば「こころ、かわいいねえ」と言い続けた私の口調にそっくり。

子どもの言葉は、親の鏡。言葉かけで子どもの成長は変わると発見した瞬間でした。

言葉は、相手に届いて初めて意味をもちます。

その言葉を、子どもがどうとらえるのか。子どもの立場になって考えることの大切さを多くのお母さんといっしょに考え、悩み、そして子どもたちから教わりました。

親と子どものコミュニケーションは、すべての人との対話の基礎です。子育てに奮闘したぶん、親も子どももコミュニケーションの達人になっているはずです。

そして、子育てが思いどおりにいかなくても、子どもが大きな成長を遂げていたことに気づく日がきっとやってきます。それこそが、子育てのごほうび。

子どもの力を信じて、信じ切り、認め、見守っていきましょう。

数十年後の世界を支える子どもを育むことは、未来を育むことです。

誇りをもって「今を子どもといっしょに楽しもう！」と元気になってくださったとしたら、それは私にとって、とても幸せなことです。

天野ひかり

著者 **天野ひかり**（あまの・ひかり）

上智大学文学部卒業。テレビ愛知アナウンサー（1989～1995）。現在はフリーアナウンサーとして活躍中。フリー転向後はNHKの番組を中心に出演し、2008年3月まで教育テレビの番組『すくすく子育て』でキャスターを務める。

自身の結婚、出産、育児と仕事の両立を経験したことで、子育ての重要性を認識。またアナウンサーという仕事柄、多くの専門家に取材してきた知識、情報を、やさしくかみくだいた形で、一般のお母さんたちにも知ってもらいたいと願い「NPO法人　親子コミュニケーションラボ」を立ち上げる。

親子ですくすく体操、手遊び歌、言葉遊びなどを通じて、子どものコミュニケーション力をのばす講座などを開き、今までの受講者は2万人以上。多くの父母から支持され「育児が180度変わった！」など感動の声が寄せられている。

【NPO法人　親子コミュニケーションラボ】http://www.oyakom.com/

監修者 **汐見稔幸**（しおみ・としゆき）

東京大学教育学部卒、同大学院博士課程修了。東京大学大学院教育学研究科教授を経て、白梅学園大学学長。東京大学名誉教授。専門は教育学、教育人間学、育児学。

3人の子どもの育児にかかわった経験から、父親の育児参加を呼びかけている。

多くの著書を出版しており、NHKの教育テレビ番組『すくすく子育て』にも出演。おひげの先生として親しまれている。

日本保育学会理事、社会保障審議会 児童部会保育専門委員会委員長などを務める。

子どもが 聴いてくれて話してくれる 会話のコツ

2016年6月1日 初版発行
2022年9月2日 第12刷発行（累計5万4千部※電子書籍含む）

著　者　天野ひかり
監修者　汐見稔幸

イラスト　小幡彩貴
デザイン　井上新八
DTP　小山悠太（サンクチュアリ出版）
営業　津川美羽（サンクチュアリ出版）
編集　宮﨑桃子（サンクチュアリ出版）

発行者　鶴巻謙介
発行所　サンクチュアリ出版
〒113-0023　東京都文京区向丘2-14-9
TEL 03-5834-2507　FAX 03-5834-2508
http://www.sanctuarybooks.jp
info@sanctuarybooks.jp

印刷・製本　中央精版印刷株式会社